JN043637

小学1年生の

特別支援教育

ユニバーサルデザインと
合理的配慮でつくる
やさしいスタート

佐藤 愼二［編著］

明治図書

はじめに

○ ランドセルを背負うこと！

就学時健診の頃，年長さんの担任の先生が子どもたちに「小学校に行ったらやりたいことは？」と聞くことがあります。絶対的で不動の第１位は「ランドセルを背負うこと」，第２位は「勉強」…が多いとのことです。そして，いよいよ「学校ごっこ」のような遊びが展開され，小学校入学へのイメージを高めていくのです。

１年生が背負うランドセルには小学校生活へのちょっぴりの「不安」とたくさんの「夢・希望・期待」が詰まっています。

○ １年生の担任になりたい！

小学校教諭を希望する学生に「何年生の担任になりたいですか？」とアンケートをとると，「１年生！」という回答が第１位になります。学生の心の奥底にも，小学１年生の頃の「ワクワク」「ドキドキ」とした思いが刻み込まれているのだと思うのです。

子どもたちの少し「先」を「生」きる，人「生」の「先」輩としての「先生」という職業の魅力の源・原風景がそこにあるのかもしれません。

○ 12%という衝撃

「通常の学級に在籍する特別な教育的支援を必要とする児童生徒に関する調査結果について」(文部科学省，2022) において，知的発達に遅れはないものの学習面や行動面で著しい困難を示すとされた小中学校における児童生徒数の割合は推定値8.8％と報告されました。しかし，この調査を小学１年生だけに限ると「12%」になるのです。

子どもたちの夢や希望の実現のために，学校として，小学１年生の担任としてなすべきことを，この機会に改めて見直す必要がありそうです。

本書は上述の状況も踏まえ，次の特徴を備えた構成になっています。

◯ 担任になった次の日から「時系列」で

　入学式まで何を？　入学式から１週間は？　４月中に…!?　「いつ，何を，どうするのか…」という具体的な準備の内容と手順をできるだけリアルに，時系列で再現しました。

◯ 学校生活の場面別に「辞典的」に

　１年生の子どもにとっては「朝の支度」も「トイレ」も「給食」も「清掃」も…「初めて」のことばかりです。戸惑いと不安がいっぱい！　本書では１年生の目線で学校生活の様々なシーンをイメージし，担任としての支援の工夫について具体的に提案しています。

◯ 特別な支援を必要とする子どもも「包括的」に

　本書では，特別な教育的支援を必要とする子どもも包み込み包括するユニバーサルな発想で各項目の内容を検討しています。あわせて，個別の合理的配慮が必要な子もいますので，必要に応じて，そのアイデアも添えるようにしました。

　本書をいつでもサッと手にとれる職員室の机に置いてください。年度当初だけでなく，「こんな時は？」と思った時にも役に立てるはずです。
　１年生の担任の仕事量は多く，特に，入学式前後と１学期は大変です。しかし，ピカピカの１年生とキラキラと輝くような楽しい毎日を過ごすことができるのは，１年生の担任ならではの特権です。その意味で，とてもやりがいのある学年です。本書がその手助けになることを心から願っています。

編著者　佐藤　愼二

CONTENTS

【入学式当日】

第3章
4月，学校に慣れる
安心プログラム

【最初の1週間】

【4月中】

第4章
どの子も包み込む
授業づくり

第5章
全員楽しく参加できる
行事指導

第7章
こんな時どうする？
トラブル解決術

1年生担任になったら…
特別支援教育の
基本姿勢

1年生の発達とそのままの受け止め方

佐藤 愼二

発達の視点から

　昨日まで幼稚園・保育園に在園していた子どもたちです。当然，幼児の自己中心性が残っていると考えましょう。落ち着きがなかったり，集中力がなかったりする一方，身体を絶えず動かし，活動的でもあります。

　集団で歩調を合わせる弱さが残る年齢で，相手の立場に立って物事を考えて自主的に判断して行動することも決して得意な年齢ではありません。逆に，「大人＝規範」とする中で身につけることが多い年齢です。小学校学習指導要領解説にも「うそを言わない，人を傷付けない，人のものを盗まないなど，人としてしてはならないことや善悪について自覚し，その上に立って社会生活上のきまりを守ることができるよう指導する」とあるように，「人として行ってはならないこと」についての知識と感性の涵養や，集団や社会のルールを守る態度などの形成が重視される発達段階にあります。

誕生月の視点から

　上記の発達的視点に加えて，いわゆる「早生まれ」の子どもの育ちには配慮が必要です。当然，幼い時ほど，月齢によって身体の発育や，行動，能力の発達の差が大きく表れます。数か月違うだけで，身長や体重が大きく違うこともあります。できることにも差ができます。

　「できない」「うまくいかない」ことが重なれば，自尊感情も低下し学校生活のスタートでつまずくことになります。「誕生月」の点も踏まえたスター

トカリキュラムを検討する必要があります。

幼稚園・保育園の保育の多様性の視点から

入学前の保育・教育環境の多様性も踏まえる必要があります。「ひらがなの読み書き」「簡単な計算」をしていたり、「音楽，図工，体育…」等の活動が用意され小学校に近い時間割に沿って生活していたりする場合もあります。一方，自由遊び中心で過ごしていることもあります。育ちの環境の違いが小学校生活のスタート時点で顕著に表れることも踏まえる必要がありそうです。

家庭環境や保護者の生活観・価値観の違いの視点から

兄弟姉妹の有無も育ちに大きな影響があるはずです。特に，兄・姉がいる場合には，登下校時の準備や片付け，宿題に取り組む様子から小学校をイメージする機会が多くなります。また，兄弟げんかをはじめとして家庭生活の中で対人的なやりとりの機会が増えます。コミュニケーション力，譲り合い…感情のコントロール力も含めて成長の糧になっているはずです。常に自分より弱い立場の弟・妹がそばにいる場合も相応な育ちがあるはずです。

また，「しつけ」等の家庭の教育方針の違いや経済的な格差が育ちに大きな影響を与える時期でもあることを確認したいと思います。

（発達）障害の疑い？

上記で触れてきたことを踏まえると様々な（「気になる」）行動の背景には，「小学1年生」ならではの「成長の差」がありそうです。その上でなお，「気になる」こともあるでしょう。本書ではそれらを「包み込む」支援を検討します。子どもたちの「わからない」「できない」を受け止めながら，おおらかにゆったりと小学校生活をスタートさせたいと思います。

1年生の子どもたちへの接し方

佐藤 愼二

受容的な雰囲気・傾聴的な姿勢—「困った顔」ができる学級に

　ランドセルを背負って小学校に勉強しに行く。これは年長さんの大目標であり，大きな夢です。しかし，その期待感以上に，不安も大きいと考えましょう。新しい友達や先生，高学年の身体の大きさ，校舎や体育館の規模，長い廊下・階段…スケールの違いに圧倒されます。「学校への入学はお化け屋敷に入るようなものだった」という発達障害者の有名な喩えがありますが，発達障害の有無に関わりなく，子どもたちが抱くであろう不安を見事に代弁しています。「困らない」ことがいいことではありません。「困った時は『困った』」と言える，「楽しい時は『楽しい』」と言える受容的な雰囲気，話を「聞いてもらえる」傾聴的で安心できる学級づくりを目指します。

「できること・いいところ」応援の徹底

　1年生は挨拶，返事，姿勢，話し方，聞き方など，どれをとっても基本となる大切な要素を学びます。まず，子どもたちが学級において自然にできている適切な行動を取り上げて，具体的に確認し合います。

　例えば，朝の健康観察を兼ねた「呼名と返事」の場面で考えてみます。「〜さんは，返事をする時に，先生を見てくれました。とてもうれしいです」と I メッセージで褒めます。加えて「先生のことを見てくれると，みんなの元気が先生に伝わります。先生もとても安心します。ありがとう！」等とその行動の大切さ・価値を確認します。「できること・いいところ」を具体的

に取り上げながら，その行動が広がり定着するように徹底して応援します。

肯定的な言葉を多く使う

　家庭で保護者が子どもに何かの指示をした時に，子どもが「学校で先生は〜って言っていたよ」と言うことがあります。小学1年生にとって「先生」は実の親以上の「絶対的存在」なのかもしれません。入学当初の子どもたちは先生の言うことをよく聞きます。ですから，「〜はダメです」と否定表現が多くなると1年生らしい前向きさも否定しかねません。注意したい時は「〜になるといいな」「〜の方がかっこいいよ」等と肯定表現を大切にします。

基本的な指示の「見える化」

　「元気に」＝「大きな口のイラスト」，「静かに」＝「カニのイラスト」等，日常的に使用する基本指示はイラストで「見える化」して，教師の「言葉での指示」が多くなりすぎないようにします。騒然とした教室になることを避けつつ，子どもたちが教師を「見る」姿勢を育むことにもつながります。

逆転の発想で！

　先日までは幼稚園・保育園にいました。うまくできないこともあります。しかし，それは「しない」「やらない」ではなく「わからない」「できない」ことが多いと受け止めます。仮に，「わかっていても」忘れている，技術が伴わない…ということもあります。「いけないこと」「できないこと」を叱って直すのではなく，「できている」状態は「頑張っている」と見方を変えて，それを褒めて増やす逆転の発想を大切にします。

【参考文献】
・佐藤愼二著『逆転の発想で 魔法のほめ方・叱り方』（東洋館出版社）

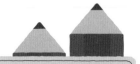

「苦手さがある」と引き継ぎを受けた 子どもへの配慮点

佐藤 愼二

情報の把握―紙資料やデータの収集

　「○○さんには～の苦手がある」と引き継ぎがあった場合は，責任をもってその内容を把握します。まずは，関係資料を収集します。○就学時健診の記録，○幼保小交流会の記録，○個別の教育支援計画もしくは教育委員会や就学前支援施設からの「就学支援シート」，○就学支援委員会等で話題になっていた子どもであればその関係資料，○保護者が記入・保管している「ライフサポートファイル」（←地域によって独自の名称がつけられるケースが多い），○幼稚園・保育園からの「要録」の写し等が基本資料になります。

　仮に，「引き継ぎ」があっても全ての資料が揃うわけではありませんが，特別支援教育コーディネーターとも協力して可能な資料収集を図ります。

確認のポイント

　確認するポイントは大きく２つあります。１つ目は健康・安全面に関わることです。発作や服薬の有無，アレルギー等です。医療面の関連資料を十分に確認し，授業，給食，休み時間の過ごし方を含む学校生活全般における配慮や教育活動上の制約の有無についてよく確認します。これは命に関わることですので，必須の共有事項です。

　２つ目はパニックや暴力等の行動面に関わることです。課題に気持ちが向きがちになるのですが，ポイントはまず得意やよさを確認することです。どうしたらその子どもの得意やよさが発揮されるだろうと考えることです。

①得意な活動やその子どものよさ・できることが発揮されやすい活動や
その条件は何なのか
②苦手な活動や本人の課題になっている側面（離席，暴力，パニック
等）が起きやすい活動やその条件は何なのか

不足する情報の確認

　保護者から事前に配慮依頼があった場合には，新担任か特別支援教育コー
ディネーターが入学式前に電話等で直接話を聞きましょう。幼児期に医学的
な診断を受けるには保護者の相当な決意や覚悟があるはずです。その思いや
期待に応えることができるようにします。配慮依頼が保護者から直接ない場
合でも，「医学的な診断」がある子どもに関しては，入学式での配慮の有無
も含めて電話にて確認する方が望ましいでしょう。

　また，紙資料だけでは「情報が不足する」場合には，卒園前に担当してい
た保育者に直接電話で確認します。晴れの入学式でトラブルを起こすよりも，
事前の確認を念入りにします。

学年会と特別支援教育コーディネーターとの情報共有と支援の検討

　上記で得た情報は必ず学年会と特別支援教育コーディネーターで入学式前
に共有します。必要な配慮はまず入学式で徹底して尽くします。必要があれ
ば，入学式で全校的な応援体制を整えます。

　その上で，学級生活・授業をスムーズにスタートできるように，具体的な
配慮点について，学年会「チーム」で検討し具体化します。得意やよさが発
揮されやすく，苦手・不得意が目立たないようにすることを前提に，具体的
な接し方，座席や把握されている友達関係への配慮等を検討します。

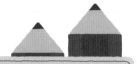

学年・学校で見守り，育てるチーム支援

佐藤 愼二

学校全体で迎える

　子どもの立場では，弟や妹を迎える全校的な雰囲気を大切にします。2年生以上の子どもたちにとっては，1年生を迎えることで「進級」の意味を考えます。6年生との兄弟姉妹学級や全校縦割り活動等は成長している自分を再確認する機会にもなるはずです。

　1年生を迎えることは，子どもにとっての意味づけのみならず，1年生を全校の教員で育てるという気持ちを固める機会でもあります。1年生には，あふれ出すようなエネルギー，ほとばしる生命力，瑞々しい好奇心がみなぎっています。子どもたちの「学校観」「学習観」の土台を形づくる決定的な時期であることは確かです。「学校の楽しさ」「勉強のやりがい」を体感してほしいのです。

　その意味で，1年生には「最初で最大のチーム支援」を尽くす学校全体の姿勢が欠かせません。

学年経営の重要性

　全校的な応援体制を基盤にしながら，「チーム学年で動く」という姿勢を確認します。1年生の名前の確認から始まる入学式の諸準備も含めて，学年として「協働」します。

❶ 学級編制の偏りをチームでカバー

学級編制はすでに触れてきたような様々な情報を可能な限り把握した上で行われます。しかし，２年生〜６年生までの学級編制と比べると圧倒的に少ない情報量で集団編制することになります。当然，様々な偏りが出たり，学級の落ち着きを欠いてしまったりする可能性もあります。

　そのような偏りがあることも前提に，全ての１年生を全ての担任が見守るというチーム支援の体制を整えます。

❷ チーム学年担任で全ての１年生を支える

　地域・学校によっては生活年齢別等に「４月の仮学級編制」をしています。各担任が全ての１年生と接することで５月から正式な学級編制でスタートする考え方です。事務的な繁忙度が増すため，取り入れている地域は決して多くはありませんが，そのメリットには学ぶ必要があります。

　学級を基本にしながらも，１日の始まりと終わりを学年実施にする「合同朝の会・帰りの会」をしたり，生活科を中心としたスタートカリキュラムでの遊びや活動を生活年齢別や地域別にしたり，選択制にしたりして柔軟なグループ編制にします。これにより，子どもたちの交友関係を広げつつ，チーム学年として全ての子どもを見守る体制を整えます。

全校で１年生を見守る体制

　先のような授業形態のバリエーションに加えて，管理職，特別支援教育コーディネーター等が定期的に授業参観，あるいは，チームティーチングする体制を整えることで，常に，全校的な情報共有の体制を整えます。

　さらに，１年生の教室で「職員会議」を開催することで，教室環境全体，子どもの作品，子どもの座席位置，「配慮を要する」子どもの様子を共有します。あるいは，チーム学年として，できれば特別支援学級や通級指導教室の担当者も交えて，テスト・作文・作品の交換採点をします。これらにより，子どもの様子を常に共有し「最初で最大のチーム支援」を機能させます。

第2章

どの子も安心できる
入学式・学級開き

個別
合理的配慮

全体
ユニバーサル
デザイン

信頼関係を形づくる
「名前」確認という
最初の支援

point

入学式当日の「名前」の間違い
は絶対にあってはならないこと
です。間違いを防ぐためには
「チーム」での確認が鍵です。
新入生を迎える準備のスタート
は「チーム」での「名前」の確
認です。

宇野 友美・佐藤 愼二

 ## 「思い」が込められた名前を大切に

　名前には親の思い・願い・期待が込められています。万が一，入学式当日
に靴箱等の名前が違っていたり，呼名の際に間違えて呼んだりすれば，本人
はもとより親は大変なショックを受けるでしょう。担任への信頼や学校への
期待を裏切りかねません。晴れの舞台で万が一のことがあれば，それは致命
的です。細心の注意を払う必要がありそうです。

 ## 元データをチームで確認

　現在はパソコンに入力された子どもの名前のデータから一括してシールに
印字します。入力されたデータに間違いがあると，その名前は全て間違って
印字されます。例えば，ローマ字入力で「Kazuko」と入力すると「かずこ」
「かづこ」「和子」「歌津子」等が変換候補として表示されます。シールに印
字する際にはひらがなですので，「かずこ」か「かづこ」かは確認が必要で
す。印字する前に，必ず，学年団「チーム」で元データから確認します。

印字する前の学年団「チーム」による最終確認チェックポイント

下記についてチェックします。④⑤は管理職への確認も行います。

①全員の名前が人数分揃っているか
②名前の最終確認：田中心姫（「はあと」），鈴木美音（「りずむ」）…いわゆる「キラキラネーム」を含め「読み方」の確認
③特別支援学級に在籍する子どもの名前もあるか
④直前に引っ越してきた子どもがいないかどうか
⑤家庭の事情で直前に「名字」に変更がないか

名前シールを貼る場所や位置の確認

学校によって多少の違いはあると思いますが，基本は①靴箱，②机，③椅子，④ロッカー，⑤廊下のフック，⑥机の引き出し…等だと思います。

次に確認が必要なのは，シールを貼る位置です。机を例にすれば，机の左上なのか，左下なのか…です。また，貼る順番も番号順に左からか，上からか，どの方向に貼るのかも一貫させます。特に，複数で手分けして作業を進める場合には，丁寧に確認の上で作業を開始します。

個別の支援

事前に保護者から配慮依頼がある場合には，「年長時代にはどのようにしていたのか」も含めて事前に聞き取ります。○靴箱・ロッカーの位置は一番左端・最下段，○好きなマークをつけていた，○名前シールの色を変えて少し大きめにしていた…等です。その子どもにわかりやすい「見える化」のためにも，子ども本人・保護者との事前の確認を大切にします。

個別　全体 ユニバーサルデザイン

明日から来るのが楽しみになる
学級開きに向けた 教室環境づくり

point

1年生の入学式は，「楽しみだなぁ」と思う子もいれば，「どんな先生かな」「友達できるかな」等，様々な不安を抱えている子もいます。教室の雰囲気はそんな多くの不安を解消するきっかけになるはずです！

柳橋 知佳子

これからふか～くつながる6年生との出会い

　多くの学校は，6年生が入学準備をするのではないでしょうか。春休みに登校をして「教室準備」にあたる子もいます。6年生は，1年生が楽しく学校に来られるよう明るく華やかな教室をつくり上げます。そして入学後は，通学班や縦割り班，掃除や給食で関わる時間が多くあります。そこで，この機会に6年生の存在を知ってもらうことは，1年生にとっては，心強い味方を得ることになります！

困っている時のお助けマンの6年生の自己紹介

　6年生に自己紹介カードを作成してもらいます。現在では，タブレットを持っていますので，写真も添えるとより親近感がわくはずです。名前や学年，そして1年生へのメッセージを書きます。学校の楽しいことや「困った時にはいつでも聞いてね！」などのメッセージを伝えます。

自分のいいところ，我が子のいいところを見つけてくれる先生

特に支援が必要な子どもたちやその保護者は，幼稚園や保育園で様々な指摘を受けている子が多く，「小学校でうまくできるだろうか」「先生は受け入れてくれるだろうか」などの不安を抱えている場合が多くあります。そこで，子どもたちのよさに目を向けた掲示物をつくることで「ここならきっと大丈夫」という安心感を得ることができるはずです！　不安な明日が「きっと大丈夫」と感じられる教室に変わります。

 ## いいところを把握するアイデア

❶ 幼保小連携の活用

　幼稚園や保育園と連携し，「子どもたちのいいところを紹介したいのでご協力をお願いします」とあらかじめ伝えておきます。幼稚園・保育園の先生方も喜んで協力してくれます。

みんなのいいところ！

❷ 入学説明会の活用（1）「お子さん自慢アンケート」

　入学説明会で保護者の方に協力をお願いします。学校生活に向けてのアンケートをお願いする場合があります。その項目の1つに「お子さん自慢一言コーナー」を用意して，「入学式に掲示しますので一言お願いします」と協力依頼をします。

❸ 入学説明会の活用（2）「自己紹介カードの作成依頼」

　入学説明会の際に「自己紹介カード」を渡します。家庭によって差が出すぎないように，一言記入すれば済むようにしておきます。入学式の日，（教室にあらかじめ掲示ホルダーを用意しておき）それぞれホルダーに入れます。

学年団の思いを伝える
学年だより第1号

学年団の「教育観・支援観」を
コンパクトに伝える「学年だよ
り」を作成しつつ，膨大な配付
物とその情報提供の方法を工夫
します。ちょっとした心遣いが
学年団教師と保護者の信頼関係
を形づくる糸口になります。

宇野 友美・佐藤 愼二

学年だより第1号に込める思い

　学年だよりは子どもを中心にする「保護者と学年団との大切な架け橋」で
す。第1号は保護者も大いに関心をもって手にします。最低限，必要な内容
は①学年としての教育観・支援観，②当面の下校時刻の明確化，③4月の予
定，④担任紹介です。

　特に，冒頭では短く，しかし，力強くコンパクトに担任や学年団の思いや
学年団が共有する「教育観・支援観」を明確に伝えます。詳しくは第1回目
の保護者会で伝えるのですが，やはり入学式当日の「つかみ」は大切です。

「入学のしおり」の有無

　「しおり」がある場合はそちらに「当面の予定や持ち物」など一括して示
されることが多いと思います。それがない場合には，「学年だより」で小分
けにして情報提供することになります。学校の伝統もあり，どちらにもメリ
ット・デメリットがあります。

　いずれにしても，①情報の漏れ落ちを避ける，②「入学のしおり」がある
場合には情報の重複を避ける等が大切です。入学当初の情報量は大変多いた

め，重要な情報だけに絞り込むようにします。

情報過多の交通整理

　名前づけや提出物の記入・提出…等，１年生保護者の４月は疾風怒濤です。入学とともに一気に情報提供されますから，「これも…あれも…果たしてやりきれるのか…」と，その「情報量」に「圧倒されて」います。

　共働き世帯が増えています。一番気になるのは「当面の下校時刻」です。そして，「持ち物」です。情報を受け取る保護者の立場に立って，情報を十分に交通整理する必要があります。

情報提供・配付のアイデア

　用意するものは子ども１人につきＡ４判が入る「封筒１枚」「Ａ４判クリアファイル２枚」です。

❶「配付物一覧表」の作成と封筒への貼り付け

　「提出が必要な書類」と「読んでほしい書類」に大きく分けます。「提出が必要な書類」の並び順は締め切りの早い順にします。箇条書きにしてチェックボックス（□）をつけます。締め切り順に一覧表にすることは，教員の確認にも大いに役立ちます。この一覧表は完成したら封筒に貼り付けます。

❷ 書類をクリアファイルに分類する

　「提出が必要な書類」と「読んでほしい書類」を明確に分けて，２枚のクリアファイルに入れます。ここでは入れ間違いがないかどうか，学年団チームとして対応します。ここまでできれば相当整理されるはずです。

　子どもへのわかりやすさは当然ですが，４月当初の保護者に対する「わかりやすい」情報提供は学校・担任への信頼感を高めるに違いありません。

個別
合理的配慮　全体

一人一人を大事にする
特別支援学級や
通級指導教室との連携

point
事前の準備や担当者との連携を密に行い，個を大切にした配慮をすることで，それぞれの子どもが学級の一員として，安心して交流での学習や通級での学習に参加できるようにします。

鈴木　あやか

　ここでは，学級で特別支援学級の子どもと交流する場合，学級に通級指導教室に通う子どもがいる場合について，配慮することをまとめました。

特別支援学級の交流児童への配慮

　幼稚園や保育園からの引き継ぎ等も活用し，子どもの様子について情報を共有しておき，両方の担任が同じ歩調で支援をできるようにします。

　地域によって様々ですが，入学式では，交流する学級の中に特別支援学級の子どもが入り，通常の学級の担任が呼名するという場合もあります。入学式での呼名や，名簿，座席の位置などは，綿密に学校全体で話し合っておきます。また保護者の要望等についても事前によく相談しておくとよいです。

　交流する教科（特別支援学級の子どもが通常の学級で一緒に行う学習）については，把握されている得意や不得意にも配慮し「どの教科でどの時間に」ということを特別支援学級の担任と十分に話し合っておきます。

　交流に来る子どもは「自分が担任ではない特別支援学級の子ども」ではなく，「自分の学級の一員」という気持ちで関わるようにしましょう。その姿勢が学級の子どもたちにも伝わり，子どもたちも温かく受け入れる気持ちが育ちます。

多忙な毎日ではありますが，交流に来る子どもへの連絡漏れがないように，特別支援学級の担任と連絡を密にとるようにします。下図のような予定表を活用し，連絡をとる方法もあります。

交流する 時間に○印	教科など	持ち物

1年2組　　　　4月15日（火）

交流する 時間に○印	教科など	持ち物
1	国語	
②	身体計測	体操服に着が えておく
業間		
③	生活	・ふでばこ ・探検バッグ
4	算数	
昼休み		
⑤	音楽	・教科書 ・カスタネット

> 行事等の時間割変更や，その時間の持ち物などを知らせます。
> できれば前日（遅くても当日の朝）には交流に来る子どもの担任へ届くようにします。

通常の学級の担任→特別支援学級の担任への連絡メモ

通級指導教室に通う子どもへの配慮

　通級指導教室へ通う子どもについても，その様子についての情報共有は担当者と十分にしておきます。また，どの教科の時に通うか，曜日や時間も含め相談をして決定していきます。

　子どもが通級に行っていた時間の学習をどう補うかも大切です。「休み時間に大切な部分だけを担任と学習する」「保護者の協力を得て家庭で進めてくる」など担当者や保護者と相談をして，子どもの負担になりすぎないようにしましょう。

　子どもが通級に行く際には，「○○教室にいってきます」「いってらっしゃい」，戻ってきた時には「おかえり」と学級全体で温かく送り出す雰囲気をつくることも大切です。この言葉かけがあることで，子どもが安心して通級に行くことができます。

個別
合理的配慮
全体

保護者の安心が 子どもの安定につながる
前日リハーサル

榎本 恵子

> **point**
>
> 学校生活のスタート！　入学式は子どもにとっても保護者にとっても大きな節目の大行事です。明日からの学校生活に希望がもてるスタートにするための準備をしましょう。

前年度の準備

　幼稚園や保育園の卒園式後（できれば3月末），新入生の保護者へ連絡し，特別支援教育コーディネーターや管理職が，入学式や小学校生活に向けて面談を実施し，情報を得ておくとよいです。

　前年度の実施が難しい場合には，4月に入ってから面談し，事前のリハーサルの希望も含めて右記のような内容を確認します。

> **保護者との面談内容例（一部）**
> ■卒園式の様子
> ■入学式での支援の要望（心配なこと等）
> ■事前の会場見学や練習の希望
> ■学校生活スタートに際して，あるいは学校生活全般で留意すること　等

リハーサルまでに準備

　保護者との打ち合わせをもとに，入学式の動きを特別支援教育コーディネーターを中心に，管理職や交流学級の担任，支援員等と確認し，役割を確認しておきます。事前の会場見学や練習の際の役割もあわせて確認します。

　また，特別支援学級で過ごすことが多い子どもであっても，交流学級に机や椅子，ロッカーなどの準備をし，学級への所属感がもてるような準備を整

えます。

入学式前日リハーサル

　せっかくのリハーサルが翌日のコンディションに影響しないよう，短い時間で練習します。入場の経路に目印のコーナーを設置したり座席にビニールテープを貼り目印をつけたりしておくと安心です。保護者の席も確認することで，子どもも安心します。

　リハーサルはできるだけ本番に近い状態で練習ができるようにします。式場だけでなく，教室の様子やトイレも確認しておきます。

```
確認したいこと（例）
■式場の確認
■座席の確認
■保護者の席
■入場や退場の仕方
■入学式の練習（礼や返事の仕方）
```

考えられる配慮

　入場は，出席番号順などが考えられますが，事前の保護者面談を踏まえて，担任や支援員が手をつないで入場した方がよい場合などは，保護者に了承を得て，順番を変えるのも１つの配慮です。

　最後まで参加することが難しそうな場合には，式場の外に出るタイミングを保護者と確認しておきます。子どもには，職員が付き添い，保護者は最後まで式場で参加できるような配慮と体制を整えておきます。

　保護者の座席位置も確認しておきます。他の保護者に気づかれないように場所を指定し，安心して参加できるようにします。

　例えば，職員が入学式前にハンカチを置くなどし，さりげなく座席の確保と指定をします。

個別
 全体
ユニバーサル
デザイン

事前打ち合わせで
迷わずに対応できる
みんなで迎える新入生

point

入学式当日，様々なハプニング
を想定し，役割を決めておきま
す。特別な支援や配慮が必要な
子がいる場合には，保護者との
合意形成をしっかりとしておき
ます。

榎本　恵子

全体での役割分担

　保護者受付では，回収する書類や配るものについて打ち合わせをしておき
ます。回収する書類を忘れてきた場合の対応についても，事前にしっかりと
確認しておきましょう。

　入場までの時間，１年生の教室で子どもたちが待つ場合には，保護者と離
れることが不安で泣き出す子もいます。その場合にはすぐに対応できるよう，
支援員などに教室での対応をお願いしておきます。

　不安が強く，泣いている子どもがいる場合は，いったん別室で落ち着かせ
ることが必要になることもあります。泣いている状態で教室にいると，周り
の子を不安にさせることもあります。別室での対応が必要な場合には，保護
者にも声をかけ，一緒に様子を見てもらいます。

　入場の前には，必ずトイレに行く時間を確保します。トイレの対応ができ
るよう，男性職員と女性職員で分担できるとよいです。

６年生のお手伝い

　事前に６年生担任と６年生と打ち合わせ会をもちます。当日の流れと

「お手伝い内容」について具体的に確認します。

6年生には，教室や式場への保護者の案内をお願いします。そのような対応を6年生が分担することで，1年生の

<table>
<tr><td>6年生へお願い（例）
●ランドセルと黄色い帽子は，名前を確認してロッカーに入れてください。
●他の荷物（体操服袋や算数セット）は，3段目の共有ロッカーに入れてください。</td></tr>
</table>

対応にあたることができる職員が増えます。

入学式の日に，引き出しやその他学校生活で使う道具を持ってくる家庭もあります。道具を持ってきた場合には，1年生のロッカーへ入れるよう6年生にお願いしておきます。その際，どこに入れるか6年生がわかるような掲示物を用意しておきます。

入場の時に6年生が手をつなぎ，1年生の席まで案内することもあります。そのようなお手伝いがあると，順番を間違えずに自分の席に座ることができます。

入学式後の動き

入学式が終わった後，教室で初めての学級活動を行います。担任の名前やこれからの学校生活に向けて，1年生に初めて話をする大切な出会いの場です。その際，個別な対応が必要な場合も想定し，教室に支援員などが入れる体制を整えておきましょう。

学級活動の後，担任から保護者への学校生活のお願いなどを連絡することもあると思います。その時間は，子どもたちは，学校探検に行ったり，トイレに行ったり，別室で読み聞かせを聞いたりできるように，分担をしておきます。必要に応じて，6年生にお手伝いをお願いします。

期待感と同時に不安を抱えながらの入学式です。出会いの印象はとても大事です。少しでも安心して過ごすことができるように，きめ細かな気配りで1年生を迎えましょう！

個別　全体　ユニバーサルデザイン

学校生活に希望がもてる

入学後１週間の
スタートカリキュラム

point

最初の１週間の準備は入学式前に行います。「焦らず・ゆっくり・丁寧に」一つ一つを確認しながら，安全・安心で居心地のよい場所づくりをする１週間を考えます。

榎本　恵子

安全・安心の確保

　入学式の翌日は，学校生活に不安をもって登校する子もいます。先が見通せないことは，大人も子どもも不安です。入学式の日に，１週間の学校生活が見通せる「スタートカリキュラム」を保護者へ配付し，子どもと保護者の不安や心配を少しでも和らげることができるよう準備しておきます。

　幼稚園や保育園での成長を生かして活動できるようにします。１年生で学んだことがその後の学校生活での習慣や価値基準になります。「焦らず・ゆっくり・丁寧に」確認しながら，子どもの「できる」を増やしていきましょう。

スタートカリキュラム

❶ 毎日のルーティンのシステムづくりの２日目

　入学式の翌日です。まずは，朝のルーティン活動として，朝の支度の学習です。この日は，全体でスタートするために，登校したら，自分の席でお絵描きや折り紙をしながら待てるようにします。全員が揃ったら，「おはようございます」とみんなで挨拶をして，机やロッカーの使い方など，朝の支度

を学習します。その他，靴箱やトイレの使い方など，毎日必ず必要となることを確認する1日にします。絵カードの準備やモデルの提示など，視覚的に捉えることができるようにしておきます。

❷ 学級への所属感をもたせる3日目

　前日に学習した朝の支度は，最初の1週間は毎日確認します。登校してランドセルから道具を出すところは，登校した子どもから取り組みます。できれば，6年生にお手伝いをお願いして，「できた」という経験ができるようにします。

　また，学校生活指導も行います。朝の会や帰りの会で，友達と関わる場面を設定し，学級への所属感をもてるようにします。

❸ 学校生活の流れを把握・行動する4・5日目

　休み時間と学習の時間を意識できるようなカリキュラムをつくります。休み時間には，トイレや水飲みを済ませて，次の学習の準備をすることが習慣となるよう，声をかけながら学校生活の流れが把握できるようにします。

 ## 「できた」「うれしい」経験をたくさん！

　子どもたちが自分で「できた」「うれしい」経験をたくさんできる1週間にします。そのためには，手順を確認できる絵カードなどの視覚的な手がかりを用意します。少しでも主体的・自立的な行動ができるようにシステムを定着させる時間です。

　また，先の見通しがもてると安心して行動することができます。1年生の時間感覚は大人とは違います。時間の流れは見えません。1日の流れを「見える化」して「次に何をするのか」がわかるようにします。その安心が，「明日も来たい・楽しい学校」につながります。

個別　全体 ユニバーサル デザイン

安心して入学式に参加できる
入学式前の
活動プログラム

point

入学式前の活動プログラムを丁寧にわかりやすく伝えたり，必要に応じた配慮をしたりし，新入生が安心して入学式に参加できるようにします。

鈴木 あやか

担任の心構え

　基本的なことですが，第一印象は見かけで決まると言っても過言ではありません。まずは，身なりを整え，清潔さを心がけます。そして，担任以上にドキドキしているのは新入生です。まずはにっこり笑顔で迎えましょう。それだけで子どもは安心し，緊張からの不適切な行動は少なくなります。

入学式前の活動，これだけは！

　新入生が登校してから入学式が始まるまでの短い時間で，やるべきことは意外と多いものです。担任の先生が焦ったりバタバタしたりしていると，その様子は子どもたちにも伝わります。事前にやるべきことを確認しておき，落ち着いて行動できるようにしましょう。

❶ 礼法指導

　起立や礼，座り方などを実際に練習してみます。数週間前まで「卒園児」だった子どもたちが，式の中では「新入生，起立」などと初めての呼ばれ方をすることもあります。呼ばれ方も事前に知らせておくとよいです。

❷ 入学式の見通しをもたせる

「入学式では実際に何をするのか」具体的に伝えておきます。簡単なイラスト入りの式次第や予定表を子どもたちに視覚化して提示することで，見通しがもて安心して参加することができます。

❸ 呼名の練習

間違えはないかの最終確認も含め実際に名前を呼び，返事をする練習をします。緘黙気味や緊張が強い子どもには，「手を挙げるだけでもいいよ」「小さい声でも大丈夫だよ」と無理なくできる方法を提案します。

 ## トイレトラブル

入学式前のトイレがなかなか大変です。普段着慣れない洋服を着ている子どもも多く，「サスペンダーが自分でできない」「ポケットがなくてハンカチを持っていない」「シャツが飛び出している」など大騒ぎになり，担任だけではなかなか対応しきれません。補助の先生や6年生についてもらう，タオルハンガーや使い捨てのペーパータオルなどを用意するなどし，子どもが焦ったり困ったりしないように事前の準備をしておきましょう。

不安を安心に変える支援や声かけを

親となかなか離れられない子どもがいた場合は，保護者と相談し，保護者に付き添ってもらう，補助の先生に個別で対応してもらうなど子どもが安心できるような配慮をしましょう。

入学式後には，頑張りを認めるとともに「明日はこんな楽しいお勉強をしますよ」と次の日に希望をもって登校できるような声かけをしましょう。

全体
ユニバーサル
デザイン

個別

担任と学校イメージを決定づける
楽しくわかりやすい 担任の話

point

緊張の入学式をやり遂げた子どもたちはホッとした表情で教室に戻ってきます。短時間ではありますが，子どもと保護者の印象に残る担任の自己紹介と明日からの学校生活への期待感を高める話をしていきます。

宇野 友美・佐藤 愼二

コンパクトにインパクト！

　保護者も参加しての第１回目の特別活動の時間です。緊張した入学式の後で，子どもたちも疲れています。短時間ですが，入学式のねぎらいとともに，充実したいい時間にしましょう。子どもたちには「担任の名前」と「人柄」を，そして保護者には担任の「教育観・支援観」等を端的に伝える機会でもあります。まず子どもに伝えるべき内容を事前に整理しておきます。

〈子どもへの話として（例）〉
①伝えること：「担任の名前」「学校名」「１年〇組」
②約束：元気な挨拶，仲良く勉強，困ったら相談，やる気の芽，交通安全
③宿題：「先生の名前を覚えること」

簡単なマジックやクイズで印象的に！

①あらかじめ黒板に名前等を書いておき白い紙をかぶせておきます。ひもを引くと名前等が見えるシンプルな構造です。

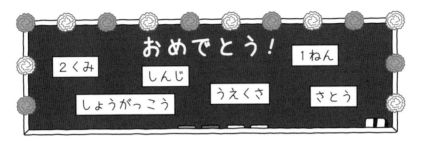

②上のイラストのように黒板に「２くみ」「しんじ」「うえくさ」「１ねん」「しょうがっこう」「さとう」のような言葉カードをバラバラに貼り出します。「先生の名前はね〜」「何組だったかな〜」と言いながら，順番にカードを組み合わせて，最後に全員で「正解」を復唱します。

③イラスト「大きな口」をあげたら「元気な挨拶をします。では，やってみます！」→「大きな口」をあげて「こんにちは！」同様にイラスト「笑顔」をあげたら「仲良く勉強」，イラスト「困った顔」をあげたら「困った時は相談」，イラスト「土から『芽』」をあげたら「やる気」，イラスト「車」をあげたら「交通安全」と言う約束をします。最後に一度，復習をします。これは４月中は引き続き活用します。

④「第１回目の『宿題』は『先生の名前を覚えること』です」と言って，もう一度，全員で復唱します。他のアイデアとしては，１年生にちなんだ短い絵本の読み聞かせや「はじまるよ」等の手遊びをするなどです。

 保護者への挨拶

　保護者への挨拶も「短く・要点を明確に」です。○小学校入学という門出のお祝いの言葉，○６年間の子育てへのねぎらい，○共に子どもたちの成長を支えたい…という３つのメッセージを込めたいですね。

　最後に，「帰りの挨拶をします」と「大きな口」のイラストをあげながら，「明日，みんなに会えるのを楽しみにしています」「さようなら！」と元気に帰りの挨拶をして終了します。

第3章

4月，学校に慣れる
安心プログラム

個別　　全体　ユニバーサルデザイン

楽しく挨拶・返事が身につく
挨拶競争・お返し返事

宇野　友美

> **point**
>
> 挨拶も返事も心と心のつながりを表す大事なツールであること，上手にできれば，自分も相手もよい気持ちになれることを子どもたちに教えます。ゲーム感覚で楽しみながら自然と身につけられる方法を紹介します。

意義を伝える

　「おはようございます」「こんにちは」「さようなら」等と挨拶することで，「私はあなたがそこにいることに気づいていますよ」「私の心はあなたに開いていますよ」という気持ちを示します。

　名前を呼ばれたら，「はい」と返事をする…それは，「あなたの声は私に届いています」と相手を認め，「私はここにいます」という意思表示になります。挨拶も返事も，相手と近づき，信頼関係を築く大切な一瞬となります。

方法を伝える

❶ 気持ちのよい挨拶

　あ…明るく　い…いつも　さ…先に　つ…続けて

　「大きな声が出ない子もいるから，小さな声でも相手を見て挨拶できれば気持ちは伝わると思います」。これは子どもから教わったことです。それを踏まえ，「教室に入ったら友達や先生より先に挨拶をしよう。どちらが先に挨拶できるかな」と投げかけたところ，子どもたちは教室に入ってくる友達を意識して見るようになりました。挨拶の根本的な意義である「相手を認め

る」姿勢を楽しみながら身につけることができます。

❷ 気持ちのよい返事

「はいっ」と小さい「っ」を入れるイメージで返事ができるとハキハキした返事に変わります。入学式の翌日，次のような実践をしました。

教師　　「萩原太郎さん」
子ども　「はいっ。宇野友美先生」
教師　　「はいっ」
教師　　「茂原花子さん」
子ども　「はいっ。宇野友美先生」
教師　　「はいっ」

このように，子どもの返事を教師が受け止め，教師が「はいっ」と返事をします。教師の名前も覚えられ，一石二鳥です。

「気持ちのよい」とは？

気持ちを捉えることが難しい子もいます。下のような表情絵を示すことも有効です。

気持ちのよい時の顔

気持ちのよくない時の顔

【参考文献】
・向山洋一著『教師であることを怖れつつ』（明治図書）
・向山洋一ほか編『第9期教育技術の法則化86　だれでも使える学級経営の技術』（明治図書）
　山﨑隆一氏の実践「子どもに『はい』と返事をさせる方法」

全体 ユニバーサル デザイン

個別

やって見せて手順を示す
朝の支度から提出物のルールまで

point

登校してからの活動に見通しがもてるように，ルーティン化する1週間。スモールステップで，丁寧に指導していきます。「焦らず・ゆっくり・丁寧に」指導することが大切です。

榎本　恵子

スモールステップでルーティン化

❶ 入学式（1日目）の翌日

入学式の日に，「明日の朝は，ランドセルを机の上に置いて，先生が来るまで待っていてください」と，約束をしておきます。

そして，入学式の翌日，「学校に来たらやること」を全体で確認します。できれば「がっこうについたらやること」という約束を「見える化」して黒板に掲示します。ランドセルの中から学習道具を出すことも，1年生にとっては初めての経験です。中には，道具の入ったランドセルをそのままロッカーに入れてしまう子もいます。

また，帽子をかぶってくる子どももいるでしょう。気候によってはコートを羽織ってくる子もいるでしょう。

入学式の翌日は，約束に沿って一つ一つをやって見せながら，全体で確認をします。なお，6年生のお手伝いがある場合は「約束を見ながら」ゆっくり進めるようにお願いしておきます。

❷ 3日目

前日の流れを，もう一度全体で確認します。「がっこうについたらやるこ

と」を黒板に掲示し，もう一度一つ一つ確認します。その際，先生はできるだけ全体を観察しながら，1人では準備が難しい子を把握します。

なお，ランドセルのロッカーへの入れ方等はロッカーの側に拡大写真やイラストを掲示します。

❸ 4日目

「明日は，学校に来た人から，○○まで準備しておいてね」等と，前日に予告をしておきます。そして，黒板に手順を示しておきます。視覚的に確認できる手立てによって，できる子も増えていきます。この段階では，できない子がいて当然です。

学級の6割程度の子ができたら，手順や手立てがわかり子どもに合っているのだと思います。それ以下であった場合には，手順や手立てに問題がないか，見直すことも必要です。

提出物は，視覚的にわかりやすく

どの学年にも提出物があります。提出物をどう扱うのかの基本を学ぶのが1年生です。特に，1年生の4月は提出物も多いですから，貴重な指導の機会が得られるとポジティブに受け止めながら支援しましょう。

まず，提出先を「見える化」します。100円ショップ等の様々な大きさや色のカゴを用意し，「連絡帳」「プリント」「手紙の返事」等の提出先が，視覚的に捉えられるようにします。必要に応じて，提出するもののイラストや写真を貼っておきます。

実際の場面では，まず提出物を机上に出します。全て揃っているかどうか順番に確認します。次に，色別のカゴを示して「お家を間違えないようにします」と確認し，全ての提出物を持って子どもは並びます。教師の目の前で種類ごとに集めるようにします。慣れてきたら，出席番号順に並ぶ，隣の友達と合わせて提出する，班ごとに集める等，少しずつ発展させていきます。

みんなにわかりやすい
靴箱・傘立ての使い方

point

誰にとってもわかりやすい表示をすることで，自分の靴箱や傘立ての位置を間違えずに済むようにします。使い方のリハーサルを実際の場所で行い，子ども同士で見合うことで，みんなが正しく使う意識を高めます。

鈴木 あやか

事前の準備と手がかりツール

❶ テーマカラーでわかりやすさを

学年または学級ごとにテーマカラーを決めておきます。入学式の当日から，靴箱や教室をテーマカラーのお花紙で飾ったりテープを貼っておいたりすることで，自分の学級のテーマカラーを認識しやすくなります。靴箱の名前シールや傘立てにも同じテーマカラーのシールを貼っておきます（テーマカラーの他にキャラクターなどの目印でもよいです）。

❷ イラストやマークの活用

名前シールは，ひらがなでわかりやすい字体のものを用意します。もし，自分の名前が読めず，困っている子どもがいる場合には，本人や保護者と相談した上で，本人がわかるイラストやマークのシールなどを貼ることで，間違えたり探したりせず，安心できるようにします。

❸ 靴箱の高さにも配慮して

とても小さな１年生には，靴箱が高い位置にあると，とても使いづらいです。入学式後に様子を把握し，届かない場所に自分の靴箱がある場合は変更

してあげるとよいです。靴箱に余裕がある場合は，１年生の靴箱は全体的に下方の段を使うという工夫も考えられます。

入学式にテーマカラーの黄色で
教室を飾りつけ

靴箱には
黄色のシール

傘立てには
黄色のテープ

実際の場所で実際に練習

❶ 一斉での練習では

「実際の場で実物を見ながら実際にやってみること」がとても大切です。

「靴を脱ぐ位置や履く位置」「上履きは上段，外靴は下段に入れる」「外靴はかかとを揃えて入れる」「傘はきちんとたたんでしまう」など，丁寧に一つ一つ説明をしながら実践してみせます。その後，実際に子どもにも練習をさせます。グループごとに練習をし，「上手にできている友達は誰かな？」などと投げかけると，練習をしている側，見ている側の両方が正しい使い方をより意識することができます。

❷ それでもうまくできない子どもには個別に対応

それでも休み時間後には，外靴が出しっぱなしで転がっている，上履きが靴箱から落っこちている，ということもあります。その場合には，個別にその場所へ行き，担任と一緒に確認しながら正しくしまいます。そして「上手にしまえたね」とできたことを認めるようにしましょう。

個別　　全体　ユニバーサルデザイン

使いやすく片付けやすい
荷物のしまい方

お道具箱の中には，たくさんのものを整理して入れなければいけません。体操着や鍵盤ハーモニカ，上履き袋など持ち物がたくさんあります。ポイントは，言葉だけでなく，視覚的支援を効果的に使うことです。

柳橋　知佳子

お道具箱のお部屋～居場所がわかれば片付けバッチリ～

　お道具箱の中にしまうものはたくさんありますが，１年生のはじめは「入れるべきもの」がはっきりと決まっています。そこで，それぞれの「居場所（置き場所）」を決めておくことできちんと元にあった場所にしまうことができます。そのためには，いくつか方法があります。

❶ 仕切りをつくって場所を決める

　小さなケースを入れたり，箱の中を仕切るプレートを使ったりします。

❷ 写真を貼って置き場所の「見える化」

　さらに，必要に応じて，お道具箱にきれいにキチンとしまった状態で写真を撮り，それをお道具箱の底に貼ります。ここまで明確に示せば，間違える子どもは少なくなります。

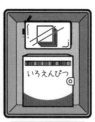

自分のロッカーに入れるもの，共有スペースに入れるもの

　学校によってロッカーの数や大きさは違いますが，ここでは，２つある場合で考えます。ランドセルや鍵盤ハーモニカ，探検バッグ等をしまいます。

❶ 毎日使うものを入れるロッカー

　ランドセルと帽子をしまいます。ランドセルはロックをかける方を奥にしてしまうと，途中，何か取り出す時にロッカーからランドセルを出さずに行うことができます。また，肩にかけるひも等が外に出ないため安全です。荷物が多くてお道具箱に入らない時など，授業が終わって使わない教科は，休み時間にランドセルにしまうことで，帰りの準備がスムーズにもなります。

❷ 授業がある時に使うものをしまうロッカー

　探検バッグや鍵盤ハーモニカ等が主なものになると思います。探検バッグはファイルホルダーに入れてしまいます。鍵盤ハーモニカはサイドに名前がある方を見えるようにしてしまいます。

❸ より個別的な配慮として

　どちらのロッカーも，きれいに整っている状態を写真に撮り掲示します。必要な子には，お道具箱と同じように，写真を撮ったものをロッカーの底に貼り，置き場所を示します。また，整理整頓ができている子どもを見つけて，たくさん褒めてあげることも大切です。いいお手本になります！

不安を軽減する
小学校のトイレの使い方

鈴木 あやか

point

幼稚園や保育園とのトイレの違いを教えて，小学校でのトイレの使い方を改めて学び，正しくトイレを使えるようにします。

 ## 幼稚園・保育園とのトイレギャップ

　トイレの違いにギャップを感じる子どもも少なくありません。幼稚園や保育園のトイレは，簡単な仕切りのみや，扉の上下が開いているなど，支援者が見守りやすいつくりになっています。しかし，小学校になると，しっかりとした個室になっています。そのようなトイレに1人で入ることに慣れていない子どもにとって，「怖い」「1人では不安」という場所になってしまいます。

 ## ステップアップで慣れさせる

　入学してすぐの頃は，休み時間には，みんなでトイレに行き，「学校のトイレも怖くないよ」という安心感をもたせるようにしましょう。それでも，個室に入ることを怖がる子どもには，個室の外で待っていることを伝え，「大丈夫だよ」「待っているからね」と時々声をかけて見守ります。そして，1人でできた時には大いに褒め，自信と安心につなげます。それらを繰り返し，少しずつ声をかける回数を減らす，待っている距離を遠くしていくなど，ステップアップしていきます。

体験に勝るものなし！　実際に練習をさせよう

　使い方は事前に説明をし，実際にトイレでそれぞれが練習できるようにします（説明には，「NHK for School」などの動画にもよい教材があるので活用できます）。並び方，鍵のかけ方，座り方，立ち小便器の立ち位置（足形などの視覚支援があるとなおよいです），紙の巻き取り方や切り方，流し方など，一つ一つやって見せ，子どもにも練習させます。

　最近は，自動洗浄のトイレも増え，流し忘れる子どももいます。子どもの普段のトイレの様子を観察し，実態に応じた指導や支援をしていきましょう。

和式トイレの壁

　もう1つの大きな壁が「和式トイレ」です。ほとんどの家庭では洋式トイレが主流となり，公共施設や外出先でも洋式トイレが増えています。学校でも洋式トイレが増えつつあります。しかし，遠足などの野外活動施設ではまだ和式が残っていることも多くあります。学校に和式トイレがあれば，しゃがみ方やしゃがむ位置など，ぜひ使い方を練習してほしいです。

きれいで，混雑を回避できる
流しの使い方，並び方

point
手洗いの仕方や上手に並ぶための表示を子どもにわかりやすく適切に行い，子どもたち同士でも声をかけ合い動けるようにしていきます。

鈴木 あやか

実際に見せることが一番

　蛇口にはいろいろな種類があります。「学校の蛇口は，こういう形でこのようにひねって水を出します」など実際にやり方を見せましょう。その際には，「水の量はこのくらい出します」「ハンドソープは一度だけプッシュします」など，実践しながら具体的に見せることが大切です。

上手な手洗いをするために

　子どもが手洗いをする時の目線の高さに「手の洗い方」（写真）を掲示します。それにより，自然に視界に入りやすくなり，教師の指示がなくても手順通りに洗う手がかりになります。
　中には，「ちょっと濡らして終わり」という子どももいます。新型感染症などが流行し，手洗いの重要性も言われています。楽しくしっかりと手洗いができるように，歌に合わせて洗うこともおすすめです。「ハッピーバースデーの歌」「きらきら星」はどちらか2回歌うと約30秒ほど手洗いができます。30秒程度の長さの自分の好きな歌を選ばせるのも工夫の1つです。

蛇口の場所ごとに数字を振り，どこが空いた　　子どもが手洗いをする時の目線の位置に手の
かわかりやすく且つ伝えやすくなる　　　　　洗い方の掲示物を貼って，見やすくする

流しでの混雑を回避

　「私の方が先に並んでいたよ！」「押すなよ！」「そこ空いているから早く
してよ！」などと，トラブルになりやすい場所の１つが手洗い場です。

　そこで，並ぶ位置に足形やテープなどで印をつけておきます。そうするこ
とで，列を守って並びやすくなります。

　また，蛇口の数が多い時には番号やマークなどを壁に貼っておき，「３番
が空いているよ」「☆が空いたよ」など，子どもたち同士で声かけができる
ようにします。このような配慮をし，みんなが順番を守って，スムーズに手
洗いができるようにします。

自分で後始末ができる子どもに

　流しを汚した時や蛇口をひねりすぎて水があふれた時は，自分できれいに
拭くように指導します。はじめは大人が教えながら一緒に拭いてあげること
も必要です。失敗したことを責めずに，「きちんと拭けたね」「きれいになっ
たね」とできたことを認めるようにしましょう。

確実に家庭へ届ける
「１枚とって，はい。どうぞ！」

榎本 恵子

point

入学当初の１年生にとって，手紙やプリント類の配付は，慣れていないためとても難しいことです。思わぬハプニングが起きたり，時間のロスが生じたりします。確実に家庭へ届けるためのシステムをつくります。

 ## 一人一人に確実に配付する

❶ 手渡しで「はい。どうぞ」

　まずは，「１人１枚」のルールをしっかりと確認します。入学式後，翌日の最初の手紙は，「１枚１枚手渡し」をし，「おたよりケース」にすぐに入れることを確認します。手紙を配る前に，机の上に「おたよりケース」を用意させ，「はい。どうぞ」と声をかけながら配り，「おたよりケース」にきちんと入れているかを確認します。この時の配付物は，折る必要のないサイズ（Ａ４サイズ）とします。「配られたものはすぐにケースに入れる習慣」がつくと，プリントや手紙がなくなることも防ぐことができます。

❷ 後ろの友達へ「はい。どうぞ」

　２枚目からは，今度は，自分の手紙を１枚とって，後ろの友達に「はい。どうぞ」と渡すことを確認します。最初は全体で同じリズムで練習します。「一番前の人に手紙を渡すまで，待っていてね」と声をかけ，一番前の子どもに，人数分配ります（できれば，あらかじめ人数分に分けておくとハプニングを防げます）。

　先頭の子どもに手紙を配ったら，みんなで「１枚とって，はい。どうぞ」

と声をかけながら，1回ずつ確認して後ろへ手紙を回していきます。この時，自分の手紙をとらずに後ろへ回す子がいます。「1枚とって…」で確実に1枚とっているか確認しながら，ゆっくり練習します。

プリントや手紙の折り方

4月当初は，できるだけA4サイズで折る必要のないプリントや手紙を作成しますが，B4やA3サイズなど，折らないとケースに入らない場合は，山折りで折ります。その方が，ケースに入れた後でも，プリントや手紙の内容が確認しやすくなります。

できるだけ，折る回数は少なくします。「角をピタッ」「輪っかをピタッ」などと，合言葉で動作化していくと楽しみながら確認できます。

家庭数マーク

4月はできるだけ全員に手紙を配付します。「家庭数」での配付の工夫は，教師がいつでも確認できるように，「おたよりケース」の名前部分に目印シールなどを貼ることです。

目印シールがあることで，1年生にも，教師にも，また，保護者にも伝わりやすくなります。担任が不在の時にも，困らずに配ることができます。

「家庭数マーク」つき連絡帳

＊「おたよりケース」は柔らかい素材で，縦までファスナーがあるものの方が1年生には扱いやすい。

見通しをもっていっぱい遊べる
休み時間コーディネート

宇野 友美

point

休み時間も授業と同じように見通しをもって過ごすことで，子どもたちは安心してめいいっぱい楽しめます。はじめは教師と一緒に過ごし，徐々に子どもたち自身で休み時間をコーディネートできるようにします。

10分休みの過ごし方

❶ 長い針の位置で時間を意識させる

　休み時間に入る前に，「今から長い針が5になるまで休み時間です」と知らせます。このたった一言で，子どもたちは時計を見て行動するようになります。「もうすぐ5になります。後片付けをしましょう」と時計の学習を行うまでは長い針の位置で時刻を知らせます。

❷ まずはトイレに行く

　1年生にとって，これまでと違うトイレを使うことは，大人が思うほど簡単ではありません。使い方については授業時間に教えますが，実践するのは休み時間です。座席順，出席番号順等，順番を決めて行う方法もあります。

❸ はじめは自分の席で過ごす

　しばらくは，トイレに行ったら自分の席でお絵描きをしたり本を読んだり近くの友達とお話をしたりして過ごすようにします。お手伝いの6年生が上手に相手をしてくれるので1年生は満足気でした。

昼休みの過ごし方

❶ 次の準備をする

外に行く前に，机の上のものをしまう，机
と椅子を運ぶ，紅白帽子をかぶる等，やるべ
きことを示し，できていることを確認します。

❷ 外遊びはルールを教えてから

体育や生活の時間に遊具の使い方を教え，
実際に遊びます。教師は一緒に遊びながら，
危ない遊び方をしてはいないか，どんな危険

があるかを観察します。現任校では，昨年度ジャングルジムが新設されたため，上図のようなルールをつくり全校に周知しました。

❸ ひとりぼっちをつくらない

教師は一緒に遊びながら，「ひとりぼっちの子はいないか」観察します。
中には，自分から声をかけられない子，うまく遊べない子もいます。教師が
コーディネーターになり，「友達と遊ぶと楽しい」という体験を積み重ねる
ことができるようにします。人間関係づくりの大事な基礎となります。

 ## 雨の日の過ごし方

年度はじめに雨の日の過ごし方に次のような工夫もしています。各クラス
に２セットずつトランプを配付しているほか，雨の日の昼休みにはタブレッ
トを使ってもよいことにしています。１年生の各教室では昼休みにタブレッ
ト講習会が開かれ，思い思いにお絵描きや各教科の問題等に取り組めるよう
になりました。長い休み時間には粘土や算数BOXを使う子もいます。準備
や後片付けに時間を要しますので，終了５分前には声をかけるようにします。

物を大切にする心が育つ
忘れ物ゼロ作戦

榎本 恵子

point

「忘れ物」や「落とし物」は，学校生活の中でゼロにすることは難しいです。1年生の時にできるのは，「忘れ物をしたら困る」「道具が揃っていると楽しく学習できる」経験を積んでいくことです。

 ## 保護者の協力と連携

　1年生の持ち物の指導には，家庭との連携が不可欠です。入学式や保護者会の機会に，物を大切にする心を育てるためにも，学習道具への記名や学習道具を準備する習慣づけへの協力についてお願いします。

　また，学習道具を忘れた際も，できるだけ届けなくてよいことも伝えます。「忘れても届けてもらえる」という経験が，忘れ物を増やすことにつながります。その際，次項のような忘れ物への対応をすることで，子どもの学習機会は保障することを伝え，保護者の理解を得ることが大切です。

 ## レンタルコーナーの設置

　学習道具を忘れた時に，「ただ困る」経験をさせるのではなく，「どうしたらよいか」の「忘れ物をした時の約束」を確認しておきます。

　忘れると学習への参加ができず，子どもにとって不利益となるものは，レンタルコーナーを設置します。レンタル用には担任の記名をしておきます。借りる際には，「○○を忘れたので，貸してください」と伝えることが大切です。学習道具への意識づけとなります。また，返却の際には必ず対面で

「ありがとうございました」と伝えることも大切です。

落とし物コーナーは設置しない

　忘れ物の「レンタルコーナー」は設置しても，「落とし物コーナー」は設置しません。「落とし物コーナー」や「落とし物箱」の設置は，落とし物が増える要因となります。むしろ，記名を徹底する必要があります。

　特に，落とし物に多い，鉛筆や消しゴムは，その場で確認することで，持ち主が見つかることが多いです。また，整理整頓された教室内では，落とし物がすぐに確認できます。学習で使用したものは，元の場所へ片付けるところまでが１年生では学習となります。そのような習慣の積み重ねが落とし物を減らすことにつながります。

　それでも持ち主が見つからないことがあります。その場合には，保護者会の際に保護者に確認してもらったり，時には「レンタルコーナー」へ寄付したりします。これらのルールについては，保護者にも伝え，理解を得ることが必要です。

個別の対応も必要

　１年生の「忘れ物」や「落とし物」については，家庭環境が大きく影響します。忘れ物が多い子は，時に家庭の状況を確認した上で，個に応じた指導・支援をしていく必要があります。本人の不注意によるものなのか，家庭や保護者の影響なのかで，指導も変わります。「忘れ物」が学習の参加の妨げとならないようにしていきます。

　また，しっかりと準備ができた時には，「当たり前」ではなく，大いに称賛します。１年生の子にとって，「失敗から学ぶ経験」より，「心地よい経験」こそが，次への行動へつながります。

個別
全体
ユニバーサル
デザイン

学校の一員として
約束を守れるようになる
忍者作戦！で
気づかれずに
移動

榎本　恵子

point

学校では，１年生から６年生までが学習しています。授業中の教室移動にもルールがあることを伝えます。「○○作戦！」などのネーミングで楽しく，学校の一員としての所属感と規律的態度を育てます。

まずは，出席番号順で並べるように

　学校生活には，様々な並び方が存在します。「出席番号」「背の高さ」「紅白別」「男女別」「地区別」…。１年生にとっては，全ての並び順を覚えるのはとても大変です。

　まず４月は，「出席番号順」に並ぶことができるようにします。並んだら，毎回「バディ」とみんなで声をかけ隣の人と手をつなぎ，前から順番に「１・２・３…」と確認します。「バディ」と「番号」が自分の並ぶ位置の手がかりとなります。

　「バディ」は固定し，欠席の時は，「○○さんは，お休みです」などと声をかけることで，他者意識も育ちます。

「静かに！」を考えて行動

❶　「静かに」を共に考える

　廊下を移動する時には，「忍者のように静かに移動します」と話して，忍者はどんな歩き方をするか子どもたちと考えます。「音を出さない」「ササササッとばれないように」「遅れないように」など，子どもたちのイメージを

広げます。教師が足音を立てる歩き方と足音を立てない歩き方をやってみせ，どちらが「忍者」に近いかイメージさせることも有効です。

❷「忍者作戦」で移動

　教師は「忍者マーク」のうちわを作成し，移動の際には持ち歩きます。並んで移動する時には，「忍者作戦で移動します」などと声をかけてから移動します。学校の中を探検する際などに，「お兄さん・お姉さんに見つからないように忍者作戦でいくよ」と声をかけ，他の学年に迷惑をかけないことの必要性も伝えていきます。

　慣れてくると並ぶ時のおしゃべりや小さな声でのおしゃべりが気になってきます。その際には，「忍者マーク」を見せるなどし，できるだけ教師自身が音や声を出さないようにします。そうすることで，改めて静かにすることの大切さに気づかせます。

 ## 自分の歩き方の振り返り

　４月は様々な行事で移動する時間も多くあります。その都度，「忍者作戦はどうだったかな」などと振り返り，自分ができたか，できなかったかの確認をするとより効果があります。

個別
合理的配慮

全体
ユニバーサル
デザイン

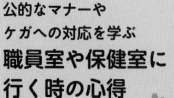

公的なマナーや
ケガへの対応を学ぶ
職員室や保健室に行く時の心得

point

学校で学ぶことは勉強だけでは
ありません。職員室と保健室と
いう「特別」な場でしか学べな
いことがあります。1年生への
大切な指導の場として機能させ
るためには，全校的な共通理解
と支援が欠かせません。

宇野 友美・佐藤 愼二

学校の中にある「特別」な部屋

　職員室や保健室は学校の中でも「特別」な部屋です。図書館や体育館とは
違って，「先生が仕事をする部屋」「病気の友達が休む部屋」という位置づけ
を意識化して，TPO に応じた適切なマナーを学ぶ場であるという全校的な
共通理解が欠かせません。その意味では，1年生の入学を機会に，各学年が
先輩としてお手本を示すことができるよう，各学年で再確認しましょう。

職員室に行く時には？

❶ どんな時に行くのか確認する

　「友達がケガをした時」「とても困った時」「友達に知られたくない相談事
がある時」「先生に渡したいものがある時」…等，職員室に行くのはどんな
時なのかを具体的に子どもたちと確認します。

❷ 具体的なルールの確認

　1人では不安な1年生は数人で職員室に来ることがあります。入室にもル
ールがあることを丁寧に確認します。

・「トントントン」とドアを3回ノックする

・「〇年〇組の〜です。□□先生はいらっしゃいますか？」

・退室時には「失礼しました」

　なお，上記のルールは全校的な共通理解が必要です。職員室のドアに上記の手順の掲示物を貼るなど「見える化」しましょう。

保健室に行く時には？

❶ どんな時に行くのか確認する

　保健室にはやさしい先生がいますが，遊び場ではなくケガや体調不良でとても困っている友達が行く部屋であることを明確にします。あわせて，少しのケガですぐに行く部屋でないことも確認します。「1人の先生が学校の全員を守っている」ことまで1年生には考えが及びません。そのことを丁寧に伝えます。

❷ 具体的なルールの確認

【担任教師に連絡すること】担任もどのようなケガや体調なのか把握する必要があります。「必ず，先生に伝えてから行く」ルールにします。学校によっては各教室に「救急箱」があります。小さなケガの場合は担任が簡単な処置を教室でします。

【保健室で伝えること】入室マナーは職員室と同様です。しかし，体調不良で休んでいる友達がいるので「静かに」するということも明確に伝えます。その上で，「いつ，どこで，どうして，どのような状態なのか」自分のことを伝える約束もします。自己管理する力を育む上で大切な学びの機会です。なお，発達障害等の配慮を要する子どもには，「いつ，どこで…」と質問に応じて記入するようなカードを用意する合理的配慮も検討します。

【報告すること】どのような治療をしてもらったのか，この後どう過ごしたらいいのか等を担任に伝える約束もしましょう。

個別　全体　ユニバーサルデザイン

自力通学の力をつける
コース別集団下校

point

昨日まで通園バスに乗っていた1年生にとっての「自力通学」というのは，まさに「生活の激変」です。学校に慣れること以上に，身体的・精神的負荷がかかります。よりよいコース別集団下校のあり方を検討します。

宇野　友美・佐藤　愼二

登下校―「自立への登竜門」

　3月までは保護者と一緒に，もしくは園バスで通園していた子どもたちです。小学校入学と同時に，「自力通学」を目指すことになります。かなり遠方から大きなランドセルを背負って徒歩通学する子どももいます。考えてみれば，これは子どもにとっても保護者にとっても大きな「自立への登竜門」になります。また，この「生活の激変」による身体的・精神的負担感が，不登校の伏線的な遠因としても指摘されます。十分な配慮が必要になります。

コース別集団下校のねらい

　上記のような事情も踏まえて「コース別集団下校」の目的を整理して検討します。まず1つ目は通学路を覚えることです。登校は保護者の付き添いがあったとしても，登校と下校では子どもに見える景色は違います。下校方向が同じ友達，近所の友達と一緒に帰ることで通学路をしっかりと覚えます。2つ目は交通安全指導です。横断歩道の歩き方，信号機を守る等の安全を徹底します。付き添い担当者は，事前にそのコースの下見をします。なお，「NHK for School」や各都道府県警察の動画教材を積極的に活用します。

コース別集団下校の準備

❶ 「色」を活用し明確に「見える化」する

　子どもが自分でコースを確認できるように，〇名札にコース別の色シールを貼る，〇担当者が同じ色の旗を持つ，〇同じ色の大きな紙に名前を掲示する等，「色」を活用します。また，学校によっては，自力通学が定着するまで「帰りの会」を「コース別集団下校班」で実施しています。

❷ コース別の担当を決める

　特別支援学級の子どもがいるコースはできるだけ特別支援学級担任にお願いします。また，配慮を要する子どもがいる場合や人数が多く遠方まで歩くコースは担任が担当します。管理職は比較的短いコース…等，配慮して検討します。教師は子どもの名簿と自宅を記した地図を必ず持参します。

　実際に下校して配慮を要する子どもに気づくこともあります。事前打ち合わせだけでなく，事後の簡単な打ち合わせも口頭で実施します。

❸ 連絡帳の確認

　放課後ルームに行く子どもや放課後等デイサービスの送迎車に乗車する障害のある子どももいます。また，「祖母の家に行く」等，帰宅先に変更がある場合もあります。連絡帳を通した保護者との連携も欠かせません。

子どもへの直前指導

　「通学路を覚えて家まで安全に帰ることができるように」という目的を明確に伝えます。その上で，〇コース名・色を覚える，〇コース担当者の名前を覚える，〇仲良く並んで手をつなぐ，〇家が近くなってコースから離れる際には必ず「ここから家に帰ります」と伝えること等を指導します。

みんなの力で楽しい学級をつくる
日直・係・当番活動

point

日直や係活動，当番活動は学級生活を充実させるための大きな軸の１つです。自分の役割を果たすことで，自分もみんなも楽しく過ごせる実感（自己有用感）を味わうことができることが大切です。

柳橋 知佳子

今日のリーダーは日直の私！　みんなで素敵な１日に！

　日直の仕事は，クラスのみんなが１日を円滑に過ごせるようにすることです。輪番制で全員が行います。しかし，日直はやることも多く，うまくいかないこともあります。どの子どもでもできるよう手立てを検討します。

❶ 日直の仕事の意味をみんなで確認する

　日直の仕事がうまくいくと，みんなが困ることなく楽しく過ごせるため，とても大切な仕事だということを伝えます。

❷ 日直の仕事の一覧表をつくる

　仕事の流れを順番に「見える化」したシートを作成しラミネートします。

　あるいは，板磁石などを活用し，１つ終わると外したりひっくり返したりして，１つの仕事の終わりを明確にします。様々なアイデアがありますので工夫しましょう。「終わり」や「達成感」を感じ取りやすくなります。

❸ 「お助けマン」を頼むことができる！

　うまくいかない時は「お助けマン」を呼べるという「SOSルール」を明

確に示すことで，安心感のある雰囲気，仲間意識，お互い様意識を育みます。また，帰りの会等で，日直の子どもをみんなでねぎらいます。学級通信などで活躍を伝えるコーナーを用意することも大切です。

クラスが楽しくなるために，みんなの力とアイデアを！

「当番活動」は，学級生活をスムーズに過ごすためになくてはならないもので，「係活動」は創意工夫をし，クラスをより豊かに楽しくするために主体的，自主的に活動していくものです。ここでは係活動を中心に考えます。

❶ 係を決める

　1学期は，どんな係があるのか子どもは知りません。まずはいくつか提示します。2学期以降は，学校探検や学級活動を通して，オリジナリティある係を考えます。

❷ 役割を決める

　自分のよさが生かせる係を考えるために，他の学年等の動画を見ます。人数は，1学期は先生が決めますが，2学期からは子どもたちが何人必要なのかを考えて決めます。活躍が認められ，達成感を感じることが大切です。

❸ 係活動の時間を確認する

　休み時間等を使って自主的に行うことが目標ですが，当初は「水曜日の昼休み」のように時間を確保します。

❹ 係活動の報告をするコーナーを設ける

　自分たちの活動を伝え，お互いの自主的な活動を称賛し合うことで，「みんなで力を合わせて楽しいクラスをつくる」気持ちを高めていきます。

★係の例★
・飾り係
・ぬりえ係
・クイズ係
・遊び係
・ゲーム係
・天気係
・元気係
・音楽係
・お花係
・生き物係

個別　全体

ユニバーサルデザイン

学級への所属感を高める
朝の会メニュー

point

1日の学校生活の充実につながる大切な時間が「朝の会」です。短い時間ですが，子どもの学級への所属感を育てる時間でもあります。クラス全員が参加できるようにすることが大切です。

榎本　恵子

短い時間で充実のスタート

　1日のスタートの大切な時間ですから，最も大切にしたいことは，「時間を守ること」です。どの学校も朝の会の時間は，10分から15分と決められています。1時間目の開始時刻に遅れないことを大前提に，朝の会のメニューを決定していきましょう。

　朝の会で，必ず実施したいことは，「朝

> 「朝の会」のメニュー例
> ●朝の挨拶
> ●健康観察
> ●先生の話
> ●今日のめあて
> ＊その他「朝の歌」「日直のスピーチ」「クイズ」など

の挨拶」「健康観察」「先生の話」＋「今日のめあて」などです。短時間で，子どもたちが学級への所属感と学校生活にめあてがもてるような内容を工夫します。

大切な一員であることのメッセージを伝える場

❶「健康観察」の工夫

　1年生の「朝の会」で最も大切にしたいのは，「健康観察」の時間です。いわゆる出席確認ですが，必ず教師が一人一人の名前を丁寧に呼んでいきま

す。その際，子どもたちには，「はい。元気です」や「はい。昨日転びました」などと自分の体調を一言付け加えることを指導します。その中で，教師が「○○さんは，足をケガしているから気をつけてあげようね」などと話すことで，友達をいたわる気持ちも育ちます。

　また，欠席の子もしっかりと名前を呼び，「○○さんは，熱が出てお休みです。心配だね」や，声が小さい子でも，「今日も元気だね」と一言声をかけることで，一人一人を大切にしていることを伝えることができます。

❷ 子どもたちの活躍の場

　日直の進行は，1年生の段階でも子どもたちが行えるようにしていきます。最初の頃は，「台本スタイル」の進行表を作成し，それを見ながら進行します。日直が一周したら，少しずつ「朝の会」の内容に変化をもたせ，「日直のスピーチ」や「係からのお知らせ」など，子どもたちが活躍できるような内容を加えていくと，さらに学級への所属感が高まります。

1日のスタートに落ち着きを…

　1日のスタートは，「元気に！」と考えますが，「元気＝大きな声」ではありません。特に，1年生の子は「明るく元気に」と言うと，「大声」で挨拶することをイメージします。時には，大きな声を苦手とする子にとって，安心できない時間となることもあります。落ち着いたスタートが切れるよう，「聞く」と「話す」をしっかりと身につける時間も「朝の会」の大切な役割です。

【参考文献】
・赤坂真二編著『クラスを最高の雰囲気にする！目的別朝の会・帰りの会アクティビティ50』
（明治図書）

体操服の入れ替わりを防ぐ
座って着替え！

榎本 恵子

> point
>
> 初めての体操服への着替えは，一つ一つ手順カードを示し，視覚的に確認しながら行います。自分の席に座ったまま着替えることで，着替えた服の入れ違いなどを減らすことができます。

保護者に事前にお願いするポイント

　入学式やおたよりで，体育のある日や健康診断など着替えることがある日には，「ボタンなどができるだけついていない服」「脱ぎ着しやすい服」での登校をお願いしておきます。

　また「着替えの日マーク」を用いて，予定表などを示すと，保護者も意識しやすくなります。

着替えの日

着替えの手順をカードで示す

❶ 自分の席に座ったままで着替える

　着替える時は，立って着替えるイメージがあると思いますが，座ったまま着替えることで，脱いだ服が他の友達の机に散らばり，友達と入れ違えることやおしゃべりなどによる時間のロスを防ぐことができます。

❷ 上着から着替える

　体操服に着替える時に，上着から着替えるようにします。これは，体操服から洋服に着替える際に，着替えやすい順番です。最初に「上着」から着替

える習慣をつけていきます。

❸ 手順カードでいつでも確認できるようにする

　上着→ズボン→帽子と着替える順番を決め，わかりやすいように絵カードを提示し，最初は，一つ一つを確認しながら練習します。

①うわぎをぬぐ

②たいそうふくをきる

③ずぼんをぬぐ

④ずぼんをはく

⑤ずぼんにいれる

⑥ぼうしをかぶる

 脱いだ服のたたみ方

　上着は，「袖を重ねて半分折り」，ズボンは，「半分に折って，上下に半分」など，たたみ方を示すことも大切です。

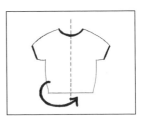

【参考文献】
・TOSS LAND「イラストで学ぶシリーズ　体操服に着替えよう」
　(https://land.toss-online.com/lesson/abe 5 vrowrtb 5 oc 3 a)

一人一人の役割を明確にする
給食準備・配膳

point
1年生は，給食当番の仕事も張り切って取り組みます。1年生で身につけた準備や配膳方法が，その先の小学校生活でずっと活用されていくことも多くあります。写真などで視覚的にも手順がわかるよう準備をしましょう。

榎本　恵子

2年生がお手本！

　1年生の給食は，入学後しばらく経ってからという学校も多いのではないでしょうか？　その期間に，2年生の配膳の様子を，写真や動画に撮らせてもらいます。そして，初めての給食の時間の前に見せることで，給食の準備から配膳のイメージをもたせます。6年生のお手本より，身近な2年生のお手本の方が，1年生にはイメージがしやすく，自分たちも「できる」という意欲につながります。

視覚的に捉える

❶ 実物の写真でつくる給食当番表

　まずは，全員で協力して準備をするための当番を明確にします。全員が自分の役割を把握し，順番に仕事をすることがわかるような給食当番表はとても大切です。できれば，食缶や食器カゴの写真などで，自分の役割を視覚的に確認できる当番表が望ましいです。

　最初は，2週間程度同じ当番を経験させて，1年間かけて全員が全ての仕事を経験できるようにしていくとよいと思います。

❷ 配膳車の運搬や配膳台の用意

　重く熱い汁物が入っている配膳車の運搬には教師が付き添い，右側をゆっくり進むことを確認します。また，配膳車や配膳台は教室のどこに置くのか，当初はビニールテープ等で目印をつけます。配膳台の上のどこに食缶や食器を置くのか等もテープ等でおおよその目印をつけるとよいでしょう。

❸ 盛りつける量の見本

　数が決まっている揚げ物などの配膳と違い，ご飯や汁物，野菜などは，量を考えなければならないので，１年生にとっては，盛りつけが難しいです。最初は，ゆっくりと確認しながら指導をします。教師が盛りつけしたものをお手本にしたり，盛りつけたお椀のイラストを示して目安にしたり，視覚的に確認できるようにしておくと，量も意識できるようになります。

個別の配慮も大切

　給食の時間は，特別支援学級の在籍児童が一緒に交流学級で食べる場合が多いと思います。その際の当番については，特別支援学級の担任にも十分に相談した上で決めていくことが大切です。

　特別な事情がない限りは，同じように役割分担します。牛乳やストローを配るなどの盛りつけ以外の仕事は，任せやすく，やけどなどの心配もなく安全面の確保もしやすい仕事です。個別の支援や配慮が必要な子どもには，そのような仕事から経験するなどの配慮は重要です。大切なことは，全員で分担し当番の子どもそれぞれが役割を果たすことです。

　また，入学した当初の１年生は，体格の差も大きいため，配膳台の高さによっては，ご飯をよそったり，汁物をよそったりすることが難しい子もいます。そういった面にも配慮し，最初の当番を決めていきましょう。

個別 全体
ユニバーサル
デザイン

おいしく食べて
ごちそうさまができる
給食—マナー・片付け

榎本　恵子

point

苦手な食べ物が多い子にとっては，給食の時間が苦痛となることもあります。楽しく食事をする雰囲気の中で，食事のマナーや苦手な食べ物へ挑戦しようとする気持ちを育てることができます。

給食のマナー

　「いただきます」「ごちそうさま」の挨拶をきちんとして，給食に携わる人への感謝の気持ちを育てます。

　食べる時には，肘をつかない，お椀を持つ，食器に手を添えるなど，両手を使って食事することを教えます。全体でも確認しますが，担任が各テーブルを回って一緒に食事する機会を設け，その場で具体的に確認する方が効果は高まります。

　担任が「おいしいね」と食べることが基本です。子どもと一緒に食事をしながら，感謝の気持ちやマナーを伝えていきます。

　給食時の放送や音楽を聞きながら，楽しい雰囲気で食事ができるようにします。そして，残り5分は「もぐもぐタイム」で，よく噛んで食べることに集中できるようにします。

おかわりのルールを決める

❶ 自分の食べられる量を知る

　低学年の子は，それぞれ食べられる量が違います。平等に同じ量を配膳す

ることも大切ですが，残食を減らすことも大切な食育です。

「いただきます」の後，口をつける前に「減らしたい人」は，ご飯や汁物の量を減らすことができることとします（全部減らし，なくすことはNGです）。減らしたい人の後に，「増やしたい人」は，増やすことができることとします。どちらも，必ず教師が量を調整します。

❷ 平等におかわりできるシステム

食べ終わった人から「おかわり」できるシステムは，食べることが早い子がいつも「おかわり」をすることになり，よく噛んで食べたり，食事を味わったりすることができなくなります。

量で調整できるものは，❶のように「いただきます」の後に，教師が量を調整します（増やしたものは，残さないことも確認します）。

欠席の子などの余った牛乳やデザートなど，数が決まっているもののおかわりは，時間を決めてジャンケンをします。その時に，食べ残しがある子は，ジャンケンには参加できないなどのルールが必要です。

片付け

「ごちそうさま」の後に，まずは当番の子どもや完食した子どもから片付けをします。そうすることで，食べ終わっていない子に，少しでも食べる時間を与えることができます。

また，当番や先に片付けをした子が，「箸の向きが揃っているかな」「食器は揃っているかな」「ゴミは落ちていないかな」とチェックできる体制をつくります。

汁物の食べ残しは，こぼしやすいので，先にお椀だけを持って行って，食缶へ戻させておくと，安全に短い時間で片付けができます。

個別 全体 ユニバーサル デザイン

自分の役割がわかる
清掃活動

柳橋 知佳子

point

様々な掃除場所を経験し，様々な掃除の方法を学ぶという大目標はあります。しかし，短いスパンで掃除場所が変わると掃除の仕方を覚えた頃に新しい場所…となりがちです。じっくりしっかり取り組むことも大切です。

 ## 任された分担場所でプロの掃除マンになろう！

　新しい場所，違う道具で，新しい仕事に取り組むことが苦手な子どももいます。自分がやるべきことをしっかりと理解し，任されたところで責任をもってできるようにすることを年度当初は大切にします。１つの場所でじっくり取り組める環境をつくるのです。

❶ １か月以上同じ場所で～「プロの掃除マン」検定試験～

　掃除場所は，１か月間は変えずに同じ仕事に取り組みます。場合によっては，学期ごとでもいいかもしれません。途中で，マンネリの様子が見られたら，「『プロの掃除マン』検定試験をやります」と宣言します。校長先生に見に来てもらいましょう！　子どもたちが張り切ること間違いなしです！

❷ 細かな役割分担で，丁寧に！

　できれば一人一役になるように仕事を決めます。１年生は掃除場所が少ないので，一箇所にたくさん集まります。一人一人がきちんと仕事ができるように細かく分けます。必要に応じて，「拭く場所」等についても分担します。当初は６年生が応援に来てくれることが多いと思いますが，道具の使い方，

ぞうきんの絞り方等の「正しい使い方・やり方」を丁寧に伝えることが6年間の基礎になります。

（例）教室：ぞうきん1・2…　ほうき1・2…　黒板　ロッカー
　　　　　　机拭き　机を運ぶ　椅子を運ぶ　掲示物の整理　等
　　　　廊下：ぞうきん1・2…　ほうき1・2…　ドア　荷物の整理
　　　　　　掲示物の整理　等

掃除の様々なアイデア

❶ 月に1回掃除の仕方の確認タイム

　4月の頃は6年生に掃除を任せて下校になります。掃除のスタートは6年生と一緒です。この時のペアを年間を通して継続させます。例えば，毎月1回6年生と一緒に掃除をし，再度，掃除の仕方を教えてもらいます。

　6年生にもう一度教えてもらえたり，「上手になったね」と褒めてもらえたりすれば自信につながります。

❷ 月に1回6年生の掃除場所で修行タイム

　6年生の掃除場所で一緒に掃除をします。細かな掃除の仕方や素早い動きなどを体感します。6年生にとってもしっかりやらなくてはという意識が高まります。環境を意図的に変えることでマンネリを予防し，掃除の技術も気持ちも高める機会を設定します。

❸「掃除スタンダード」の設定

　地域や学校によっては「掃除スタンダード」を設定しています。

　例えば，教室掃除の場合，机を動かす順番・方向…等を全校で統一します。それによって，学年・担任がかわっても戸惑うことなく子どもたちは取り組めます。

個別
合理的配慮

全体
ユニバーサル
デザイン

自信をもって取り組める
清掃の進め方・
道具の使い方

柳橋 知佳子

point

掃除の仕方はどこに道具があって，何から始めて，どうなったら終わるのかを明確にすることが大切です。スタートとゴールがわかるロードマップを視覚的に提示する工夫をします。

掃除の仕方がいつでもすぐに確認できる「掃除マニュアル」

「掃除マニュアル」に示しておくべきことがいくつかあります。

❶ 始まりの時間と終わりの時間

始まりと終わりの時間を示します。さらに，必要に応じて，「～は○分で終わらせます」と時系列で示すと効果があります。

❷ 使う道具

「どこにある何を使うのか」を示します。マニュアルと道具に同じ色のシールをつけるとわかりやすいです。

❸ 手順

○ぞうきんを絞ります。ポイントはできるだけ水が出ないぐらい，○拭く場所は印のところからスタート等，その時々のポイントを順番に書きます。

❹ 道具の片付け

道具の整理整頓がうまくできないことも多いです。整理整頓のポイントも

「見える化」します。使う道具としまう場所に同じ色のシールを貼るなどして，迷うことなく片付けができるように色で明確化します。

掃除が終わった後も大切に

掃除中ももちろんですが，掃除が終わった後のねぎらいの共有はとても大切です。「一生懸命やって汗が出てきていますね」「隅の方までゴミが落ちていません」「教室がピカピカになりました」などクラスで確認し合います。また，道具の使い方が上手な子どもをしっかりと称賛します。教室や学校がきれいになると気持ちよく過ごせることを常に意識化します。

「掃除を頑張った発表会」の企画と保護者との共有

学級活動等で「掃除を頑張った発表会」などを企画します。お互いの頑張りのおかげで気持ちよく過ごせていることを確認し，「ありがとう」「頑張ろう」という気持ちを共有します。クラス全体に温かい時間が流れます。その様子を「学年だより」「学級だより」等で伝えて，家庭のお手伝いにつなげることができれば，なおよいです。

個別に配慮が必要な場合

掃除の時間は，掃除に取りかかることができない子もいて，トラブルも起きやすいです。しかし，子どもの中には過敏性が強く水に触れることを苦手にしていたり，潔癖性が強く汚れているものに触れられなかったりする子もいます。「どうして取り組めないのか」を一緒に考える姿勢が大切です。

例えば，同じほうきであっても，いつも使うものと違うと取りかかれないといったこともあります。そんな時には，道具それぞれに子どもたちの名前シールを貼ることも検討するなど個々に対応を考えていきます。

やさしい言葉で
心地よい体験をする
「ことばはこころ」
ふわふわ言葉

榎本 恵子

point

表現方法が乏しいため，自分の思いや気持ちをうまく言葉で伝えられずにトラブルになりやすいのが1年生です。やさしい言葉の心地よさが体験できる活動を取り入れ，温かな人間関係づくりをしていきます。

一番のモデルは，教師

1年生の話し方の一番のモデルは担任です。特に，低学年の子の話し方や注意の仕方は，担任に似てきます。担任は，自分の言葉を映す鏡が子どもであることを意識し，温かい言葉で支援することを心がけましょう。

「○○さん，素敵ですね」

❶ 友達を呼ぶ時は，「○○さん」

1年生の頃から，「○○さん」と担任は意識して子どもたちを呼びます。つい，1年生の子は，「○○くん」「○○ちゃん」と呼んでしまうことがあるかもしれませんが，人権意識を育てる意味でも，小学校入学時から「○○さん」と呼ぶことを基本にします。

❷ よい姿勢は誰かな？

子どもたちの人間関係がギスギスとしたものになるのは，注意し合う関係になった時です。もちろんいけないことをしっかりと伝えていくことは必要ですが，注意ばかりし合う関係とならないよう，担任は注意ではない支援方

法を工夫・検討する必要があります。

　例えば，授業の始まりの日直の号令の際，「○○さん，姿勢をよくしてください」「○○さん，前を向いてください」となかなか号令がかからない場面に遭遇したことはありませんか。そのような時は「よい姿勢は誰かな？」と声をかけ，「よい姿勢の友達を２人見つけてから号令をしてください」と日直に約束していました。

　「○○さん，姿勢がいいですね」「○○さん，素敵ですね」と温かな雰囲気で授業が始まるようになります。

「ふわふわ言葉」を増やしましょう

　道徳や学級活動の時間に「ふわふわ言葉」（言われてうれしい言葉）と「ちくちく言葉」（言われて悲しい言葉）を体験するロールプレイを取り入れます。子どもたちの日常によくある場面を取り上げ，「『ちくちく言葉』を『ふわふわ言葉』に変えてみよう」と，言葉によって，相手の感じ方や友達関係が変わることの心地よさが実感できるようにします。

　そして，いつでも振り返ることができるように，「クラスで増やしたいふわふわ言葉ベスト５」等を掲示し，子どもたちの言葉を豊かにし，温かな人間関係の基礎づくりをしていきます。

困った時に助け合えるようになる
SOS 言葉

point

どの子にとっても安心・安全な学級をつくるためには，子ども同士で「SOS」が言える関係づくりが必要です。困っている時，「教えて」「どうすればいいの」「手伝ってください」などが言えることで，不安感が減ります。

柳橋 知佳子

 ## 困っていたら，お互いSOSを言える温かい学級づくり

　まずは，教師が「困っていたら助けてくれる温かい存在」のモデルになりましょう。子どもたちとの毎日の関わりの中で「どうしたの？」という魔法の言葉をかけるなど温かい存在であるよう実践します。それを見ている周りの子どもたちが，人との関わり方や理解の仕方，寄り添い方を学びます。

❶ 子どもと教師との関係づくり

　子どもが困っている時や失敗してしまった時，叱る前に，まずは「どうしたの？」と魔法の言葉を投げかけます。子どもは安心して話をしてくれます。また，自分からうまく言えない子もいます。教師から「何か困っていることがあるかな？」と声かけをしたり，「後で教えてね」と少し間をとったりすることも大切です。

❷ 子ども同士の関係づくり

　教師が「どうしたの？」と聞くと，友達が笑顔になったり，パニックにならなかったりすることがわかると，子ども同士でも「どうしたの？」と声をかけ合う雰囲気ができます。学級開きでも「困っている」様子を見かけたら，

「どうしたの？と聞いてみよう」と必ず伝えます。「困ったり間違えたりするのは悪いことではなく，そのままにしている方が悲しいことです。困っている時はみんなで助け合おう」と繰り返しメッセージを発信します。

❸ 実際に確認し合う

　上記のような取り組みを続けると実際にそのような姿が見られるようになります。その時には，朝の会や帰りの会で具体的に紹介します。理念を語るだけでなく，実際にあった行動で確認し合います。日記や連絡帳等でも伝えます。「SOS を出していいんだよ」と伝え続けます。

お互いの「困った」を感じられるクラスに！

　「SOS の出し方がわからない…」「SOS を出したら叱られないか…」と思ってしまっている子どももいます。学級全体で考える時間をもったり，ペア・グループで話し合いをしたりします。そうして，「SOS の出し方」を具体的に確認し合います。

❶ SOS の言葉を掲示する

　話し合いで出てきた「手伝ってください」「教えてください」「できません」「困ったよ」…等の「SOS の言葉」を全員で言ってみます。それらの言葉は「見える化」して掲示します。

❷「自分説明書」の作成と共有

　自分の特技だけでなく苦手なことも知ってもらう「自分説明書」を作成します。1人で作成することはまだ難しい時期ですので，保護者会で説明をし，宿題として家族と一緒に作成してもらいます。その内容を班の友達と共有し，助け合える温かな雰囲気づくりをします。

今日に満足，明日が楽しみになる
帰りの会の振り返り

柳橋 知佳子

> **point**
>
> 1日頑張ったことの振り返りで満足感を胸に刻み，少ししんどかったことはスッキリさせて，明日への期待感を膨らませる！それが帰りの会です。そのアイデアを考えましょう。

 ## 子どもたちの活躍を振り返ることができる時間に

　帰りの会の流れは様々ですが，楽しかったことに注目をして振り返りの時間をもつようにします。一人一人の振り返りと集団での振り返りを短時間に両方やることで，楽しかったことが共有できます。学校生活にも慣れていない1年生です。時間をとってでも「楽しかったこと」に目を向ける毎日でありたいですね。ネガティブよりも，ポジティブな話題の方が，心地よいと実感できる機会をより多くもつことが大切です。

　また，子どもたちが発言した内容は記録をとり，学級通信等で伝えます。

帰りの会（例）

1　今日の振り返り（自分で）　　←連絡帳にワークシートを貼って記入する時間

2　みんなで振り返り（グループで）　←グループで楽しかったことを伝え合う時間

3　明日頑張りたいこと（代表など）　←輪番制で代表でもグループでも！

4　ありがとうの時間　（日直を中心に）　←日直が感じた気持ちを伝える時間

5　先生のお話　　　　　　　　　←先生が率先してポジティブな話を！

また，掲示物等でも，「ありがとうの木」や係活動のコーナーなど，それぞれの活躍を視覚的に残していくことも重要です。

 ## モヤモヤを残したまま帰らない！

　子どもたちは，１日の生活の中で，よかったことも思い通りにいかなかったこともたくさんの経験をします。一方で，友達との関わり方がまだ上手ではなかったり，相手の言葉を理解できなかったり，その場に適した言葉を使えなかったりすることもあります。

　そのため，複雑な思いを抱えたまま，帰宅する子もいます。その気持ちは表情に表れますので，保護者はとても心配します。そのような日が続くと，保護者の心配は不信感に変わることもあり，誤解も生じます。

　帰りの会では，そんな気持ちが少しでもポジティブになるような時間にします。そのためにも，先生が笑顔で子どもたちの姿を見守り，「今日１日，頑張ったね」「今日は楽しかったね」「失敗した子もいるかもしれないけど，それに気づけたからもう大丈夫」そして「明日もみんなと楽しい１日を過ごせることを楽しみにしているね」とあえて言葉で伝えることが大切です。

 ## 個別の対応が必要なことも

　帰りの会での様子を観察し，表情や態度等で違和感があった場合は，終了後「どうしたの？　元気がないね」と声をかけるようにします。その場で解決できなくても，寄り添って心配してくれたということは伝わります。

　そして，その時に感じた違和感を保護者に連絡し，情報を共有して，手立てを一緒に考えます。帰りの会は，子どもの心の状態に気づける最後のチェックタイムでもあるのです！

第 **4** 章

どの子も包み込む
授業づくり

どの子も包み込み
一人一人を確かに支える
ユニバーサルデザインと
合理的配慮

佐藤 愼二

> **point**
>
> 配慮を要するＡさんへの支援の中には，どの子にも「あると便利で・役に立つ支援」があります。そのような支援を増やす考え方がユニバーサルデザインです。さらに必要な場合には合理的配慮でＡさんを支えましょう。

ユニバーサルデザインと合理的配慮

　配慮を要するＡさんへの支援検討に際して，個別支援を前提に発想するのではなく，まず必要と思われる支援を具体的に書き出してみます。その中には，他のＢさんやＣさんにも「あると便利で・役に立つ支援」があるはずです。そのような支援から少しずつ増やしていきます。つまり，経験的に確認されている基本的な指導法を，配慮を要する子どもの視点からさらにアップデートすることで，より包括性の高い支援を検討することになります。

　それでもＡさんには支援が不足しているかもしれません。その際には，個別的に「合理的配慮」の検討が求められます。

　ユニバーサルデザインと合理的配慮の関係を右頁の図でイメージしました。

当事者に学ぶユニバーサルデザイン・合理的配慮の具体例

❶ 静けさを大切にする学級

　「耳が４つあり前からも後ろからも音が入ってきた」と言われるように，教室の音にまつわる困難さは当事者から多く語られます。私語はなくすことができます。「静かにできる」学級で救われる子どもは必ずいます。しかし，

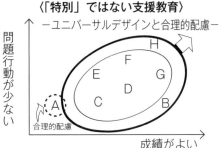

〈これまでの特別支援教育イメージ〉

問題行動が少ない ↑

Ⓐ

H

F

E

G

C

D

B

※特別支援教育支援員の配置や
　個別支援の検討

成績がよい →

〈「特別」ではない支援教育〉

－ユニバーサルデザインと合理的配慮－

問題行動が少ない ↑

H

F

E

G

C

D

B

Ⓐ
合理的配慮

成績がよい →

エアコンの音…等，なくせない音もあります。その場合には，個別に相談し「イヤーマフ」等を着用すれば，それは合理的配慮の提供になります。

❷ 視覚的焦点化を大切にする学級

　「書き言葉が第一言語で，話し言葉は第二言語」と言われるように，視覚情報はどの子どもにも「あると便利で・役に立つ支援」になります。一方で，「ウォーリーをさがせにしないで，映画館のスクリーンのように！」という喩えもあります。正面にある授業に必要ない情報を削り，視覚的焦点化を図ります。さらに，必要があれば個別に「メモ」を渡す等の合理的配慮を提供することもあります。

1年生の集中時間に配慮したユニバーサルな展開を！

　1年生が集中できる時間は決して長くありません。

　①ユニット型の授業構成：○話を聞く，○書く，○（席を離れて）友達と相談する，○読む…等，短めの動静のユニットで授業を構成します。

　②「前置きの指示」と「一時一作業」：手イタズラ，外をつい見てしまう等があります。「大事な話です」「おへそを先生に向けます」等の前置きをして，「聞く時は聞く」に集中できるような「一時一作業」を大切にします。

【参考文献】
・佐藤愼二著『通常学級の「特別」ではない支援教育』（東洋館出版社）

目で見て確認できる
授業の準備・片付け

柳橋 知佳子

point

教科ごとに使うものが違い，机の上に準備するものが変わることもあります。「教科書を忘れた」ではなく，「出し忘れている」といったこともあります。何を出すべきなのかという情報を「見える化」して伝えます。

 机の上に準備するものを視覚的に示すことがポイント

　教科ごとに準備するものが変わります。毎回，必ず出す教科書・ノートは準備できても，その他のものは忘れてしまうこともあります。そこで授業が終わったら，次の時間に机の上に出しておくものを黒板に掲示したり，デスクマットで個別に示したりします。

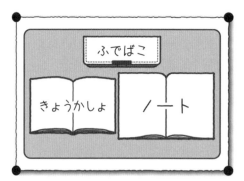

デスクマットを入学準備の際に購入し、その後6年間使用します。個別最適化の視点から様々な活用が可能になります。

教科ごとに必要なものをまとめる〜準備と片付けの習慣づけ〜

記憶や空間認知が苦手な場合は準備や片付けが苦手で、忘れ物も多くなり注意されることが増えることがあります。二次障害になりかねません。早い段階で準備と片付けのルーティンを身につけることで解決します。

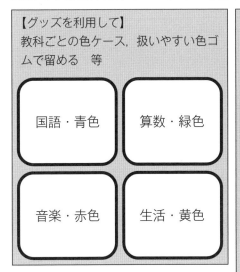

【グッズを利用して】
教科ごとの色ケース、扱いやすい色ゴムで留める　等

| 国語・青色 | 算数・緑色 |
| 音楽・赤色 | 生活・黄色 |

【手順】
①黒板に表示し、セットされたものを出す。
②出したものを確認。
③授業が終わったら、セットにして片付ける。片付けが苦手な子は、終わった教科は、ランドセルに片付ける。
④片付けられたら、褒める！

はじめの頃は、手間と時間がかかります。しかし、1年生当初の余裕がある時だからこそできます。ある程度できるまでは、声かけをします。
保護者会や個人面談等で、保護者の協力もお願いしましょう。

忘れ物指導

教室と授業の雰囲気が悪くなるきっかけの1つに、教師の忘れ物指導があります。また、授業準備ができていないことへの注意・叱責があります。努力しても忘れ物が多かったり、準備ができなかったりすることがあります。早めに気づき、保護者とも連携して支援を充実させる必要があります。

授業づくりのはじめの一歩を
固める
聞くこと名人

point

「聞く力」がない学級では,「静かにしなさい」等の教師の注意が多くなりがちです。その結果,緊張感が先立ち「安心できない」雰囲気になることがあります。どの子も安心して過ごせる学級の土台は「聞くこと」です。

榎本 恵子

授業づくりの「はじめの一歩」

　授業づくりでまず大切なことは,子どもたちの「聞く力」を身につけることです。特に1年生の子どもは,「話す」「書く」などの,表現のもとになる言葉の量が少ないため,「聞く」ことが,学びのスタートとなります。その「聞く力」こそが,後々の「話す」「書く」「読む」全ての学習スキルにつながります。

　また,友達とのコミュニケーションにも相手の話を聞くことが大切です。「聞くルール」をしっかりと教え,「聞く名人」を育てることが,どの子も包み込む授業づくりにつながります。

「聞くこと」のルールづくり

❶ 子どもが「聞く」先生の話し方

　まずは,先生の話をしっかりと聞くことができるようにすることが大切です。そのために,授業中の話し方を見直します。授業中に指示や発問を何回も繰り返したり,言い直したりしていると,子どもは,聞く必要がなくなるため,「聞く力」が身につきません。一文一動詞を原則に明確に話し,1回

しか言わないことで，しっかりと「聞いていないと困る」という雰囲気をつくります。教師の指示や話し方が，子どもの「聞く力」につながります。

❷ 聞く時のルールづくり

聞いていないと困る雰囲気をつくりつつ，聞く時のルールをしっかりと教えることも大切です。聞き方名人「あいうえお」（右図）のような掲示で，いつでも振り返ることができるようにします。そして，できている子を褒めることで，学級全体を「聞く」集団に育てていくことができます。

また，聞く姿勢をしっかりと身につけるためのルールとして，教師が「みなさん」と声をかけたら，子どもたちが，「何ですか」や「聞きますよ」とリズムに乗って返事をするなどの合言葉を決めておくと，楽しい雰囲気の中で聞く姿勢を身につけていくことができきます。

> **聞き方名人「あいうえお」**
>
> ⓐ いてをみて
>
> ⓘ っしょうけんめい
>
> ⓤ なずきながら
>
> ⓔ がおで
>
> ⓞ わりまできく

楽しみながら鍛える

その他にも「読み聞かせ」や「伝言ゲーム」など，楽しみながら「聞くこと」を鍛えていくことが大切です。そして，「聞く力」は，まず身につけたい力であるとともに，簡単に身につけることができない力です。焦らず続けることと，教師が子どもの「話をよく聞く手本」となることも大切です。

【参考文献】
・上野一彦監修，佐藤愼二・『LD，ADHD & ASD』編集部編著『ユニバーサルデザインの学級づくり・授業づくり12か月のアイデア事典　小学校 2 年』（明治図書）

鉛筆・消しゴムの使い方がわかる
ピーちゃんと
ハンドサイン

宇野 友美

point

鉛筆の持ち方はクジャク法を使い，1年生の子どもたちに親しみやすくするために「ピーちゃん」と名づけ，書写の時間に確認しています（書写専科）。ハンドサインと歌でいつでもどこでも確認できるお手軽指導法です。

キャラクターに親しむことで楽しく覚えることができる！

「クジャクがくちばしで毒ヘビ（鉛筆）をくわえると，毒ヘビは慌てて回転する。クジャクが冠（中指・薬指・小指）で毒ヘビを押さえ込むと，自然に正しい鉛筆の持ち方で持っている」という指導法です（参考文献を参照）。

書写の時間の始まりにクジャクの「ピーちゃん」の絵を黒板に貼ると「あっ，ピーちゃんが見ているよ」と子どもたちは自分で鉛筆の持ち方を確認するようになります。

 ## ハンドサインと歌でいつでも・どこでも覚えることができる！

❶ 鉛筆の選び方

よい鉛筆の概念を身につけるため，「長くてとがった一番強い毒ヘビ（鉛筆）を選びましょう」と声をかけます。

❷ ハンドサインと歌

利き手でOKサインをつくり，人差し指を伸ばしていくと「鋭いくちばし」「大きな目」「立派な冠」がトレードマークのクジャクの「ピーちゃん」

ができます。覚えるまでは，リズムに乗せて歌いながら絵を提示し進めるとよいでしょう。

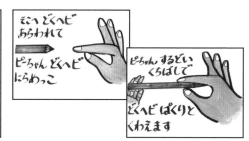

 ## 消しゴムの使い方

　　書写の時間には，必ず自分が書いた字を見直すよう指導しています。「お手本と違うところが見つけられるかな？　見つけられたらそこだけ消して直してごらん」と言うと，直すことが価値づけられるとともに一画ずつ丁寧に見るようになります。

　　一文字ずつ消すことを意識させることで，紙が切れる，消し跡が残ることを防ぐことができます。

　　学習によっては，間違いは消さずに残すことも指導する必要があります。

【参考文献】
・橋爪秀博著『正しい鉛筆の持ち方ができるクジャク法』（アットワークス）
・橋爪秀博ブログ「『クジャク法』で正しい鉛筆の持ち方ができる理由」
　（https://ameblo.jp/kujyakuhou/entry-12673123640.html）

黒板を写せるようになる
ノートに合わせた
板書計画

point

入門期に，正確で丁寧に文字や数字を書く習慣をつけることが大切です。そのために，子どもが書きやすいように，板書は，子どものノートのマスと同じになることを意識して書きます。

榎本　恵子

入門期のノート指導

　入学当初は，ノートはあまり使わず，ワークブックなどでひらがなや数字の練習をすることが多くなります。しかし，できるだけ早い時期に，ひらがなや数字をしっかりと書けるようにするためにも，授業の中で計画的に「書く」時間を取り入れていきます。

　また，教師が板書している時には書かずに，見ていることも大切です。「先生が書くから，見ていてね」と「見る」「聞く」「書く」活動をしっかりと区切ることが，入門期の指導では重要となります。

「書く」前の準備

❶ 下敷きとセット

　ノートと下敷きはいつもセットとし，ノートを書く時には，必ず下敷きを敷くことを習慣づけます。

❷ 正しい姿勢・鉛筆の持ち方

　文字を書く前には，姿勢や鉛筆の持ち方を確認します。「ぐぅ・ぺた・ぴ

ん・さっ」や「鉛筆オッケー・中指は下」など，合言葉をつくり，何度も何度も丁寧に確認をします。鉛筆を持っている反対の手でしっかりとノートを押さえて書くことも大切です。「ぐぅ・ぺた・ぴん・さっ」でノートを押さえるよう指導します。

❸ 教師の板書が子どもの手本

　教師の板書の文字や書き方が入門期の１年生にとっては貴重な情報源になります。ひらがなや数字は，教師が正しい筆順と形でしっかりと丁寧に書きましょう。また，マスつき黒板を使って，文字の大きさを視覚的に捉えられるようにすることも大切です。

　なお，入門期には使用するノートのマスの数は統一されていると思います。教師の板書もマスの数に合わせて改行するようにします。マスの数と板書の文字数が合わないと子どもは混乱し，ノートテイクが遅れる原因にもなります。また，１マス空ける時や行を変える時のマークを決め，視覚的に意識できるようにすることも重要です。

基本的な約束

○下敷きを敷く　○日付を書く　○題名を書く　○めあてを書く
○線を引く時は，定規を使う　○間違えた時は，消しゴムで消す
○縦書きは，右から左　○横書きは，左から右

　ノートを使う際には，上記の基本的な約束を繰り返し丁寧に確認します。それがノートの使い方の定着を図る秘訣です。

　また，ノートを書いた後は必ず集め，丸つけやコメントをして必ず褒めましょう。それにより，子どもの書くことへの意欲の向上を図ることも，入門期のノート指導では大切にしたいことです。

セルフチェックできる
立ち方・座り方の
合言葉

宇野 友美

point

正しい立ち方・座り方を教え，褒める！　この繰り返しです。1年生にわかりやすい言葉として，オノマトペが有効です。教師がやって見せ，子ども自身に正しい姿勢を実感させ価値づけることで，意識化を図ります。

学校全体で正しい立ち方・座り方の基準を確認する

　机に突っ伏したり，肘をついたりしている姿勢の悪い子を「姿勢を正して」と注意することがあります。では，「正しい姿勢」とはどんな姿勢を指すのでしょうか。

　まずは，学校全体で正しい立ち方・座り方の基準を共通理解することが必要です。若手教師もベテラン教師も，同じものさしで見取り，同じように指導できると教師も子どもも安心です。

正しい姿勢を子どもに伝える

❶ 正しい姿勢のメリットを伝える

　「正しい姿勢にするとこんないいことがありますよ」と，子どもにわかるように具体的に伝えましょう。

　例えば，「姿勢よくバランスのとれた身体の方が足が速くなりますよ」「正しい姿勢の方が集中力がアップして勉強もできるようになりますよ」等と伝える時間を設けます。

❷ 机と椅子の高さ調節をする

　入学式翌日の１時間目に机と椅子の高さを調節します。高すぎて足がぶらぶらしている子，低すぎて背中が曲がっている子等をチェックし調整します。

❸ モデルを見せる

　教科書にある付録のポスターを貼ったり，動画を見せたりするのは有効です。特に動画は，視聴するだけで子どもたちが自分で正しい姿勢を確認し始めます。ほんの数分なので，書写の時間の始まりに，毎時間動画を流し，自分で姿勢を正す時間を設けていました。

❹ 正しい立ち方―「背中はピン」「足はペタ」

　立ち方は，この２つをポイントとします。「天井から頭のてっぺんが糸でピンと引っ張られているように」「足の裏は床にペタッとつけて」と声をかけます。

❺ 正しい座り方―「背中はピン」「足はペタ」「おなかと背中にグー１つ」

　座り方は，この３つを指導します。「グー，ペタ，ピンだよ」と声をかけると，子どもたちは自分で合言葉を唱えながら姿勢を正すようになります。「おめめはパッチリだよ」と付け加えると，自然と笑顔がこぼれます。

褒め言葉をシャワーのように

　正しい姿勢ができている子を見つけたら「〇〇さんは姿勢がいいね。かっこいいね」「〇〇さんは姿勢がいいから，勉強に集中できるのですね」「姿勢がいいから字も丁寧に書けているね」等，正しい姿勢とできていることをつなげることで，正しい姿勢のメリットを伝え，価値づけます。

個別	全体
合理的配慮	ユニバーサル デザイン

みんなが安心して参加できる
発表の仕方・聞き方・言葉遣い

point

自信度挙手や発表の時の雰囲気づくりで，誰もが安心して参加できる授業づくりをしていきます。普段から，言語環境に配慮し，正しい言葉遣いで話す子どもを育てていきます。

鈴木 あやか

発表の仕方と聞き方

❶ 不安を軽減する「自信度挙手」

　「腕を耳につくようにまっすぐ真上に伸ばす」。これは，一般的な正しい挙手の仕方です。もちろん，この挙手の仕方は全員に教えます。ただ，この挙手を「いつも」「必ず」することはありません。どうしても授業中の発表に自信がもてなかったり，ドキドキ不安になってしまったりする子どもに，この挙手を押しつけることは少々負担になってしまいます。

　そのような場面では「自信度挙手」を取り入れるのも１つです。自分の自信度によって手を「胸のところで挙げる」「肩まで挙げる」「上まで挙げる」やグー・チョキ・パーで分けるなどの方法があります。

❷ 安心できる発表の場を

　発表をする時には，話す側が「話します」と言ってから話すことで聞く側の意識が向きやすくなり，話す側には「みんなが聞いてくれている」という話しやすく温かな雰囲気になります。発表の仕方を具体的に書いた掲示物を必要に応じて提示し，みんなが安心して発表できるようにします。

　発表した子どもに対しては，「頑張って言えましたね」「よい考えだね」な

どと，その頑張りを認める声かけをしましょう。

 ## 発表が苦手な子どもへの配慮

　緘黙や不安が強い子どもに無理に発表や話をさせることは，学校への不安感を大きくします。紙に書いたものを読む，タブレットに録画したもので発表するなど，できる限り「誰もが選べる発表方法」を用意しておきます。それが授業のユニバーサルデザインと合理的配慮の１つのあり方です。

 ## 日常の丁寧な言葉遣いを育てる

　言葉は耳から入ったものを自然と学習し使うようになります。子どもたちが一番よく耳にし，影響を受けるのは目の前で話をしている担任の言葉です。「やばい」「ちょー○○」など，何気ない言葉にも気をつけます。

　入学したてのかわいい１年生が「先生，今日宿題忘れちゃった」「先生，図書室行ってもいいの？」などと，親しげに話しかけてくれると，ついついそのまま答えてしまいそうになります。しかし，「先生，今日宿題忘れてしまいました。明日，持ってきます」「先生，図書室へ行ってもいいですか？」と丁寧な言葉で言い直しするなど，日常の生活の中で自然に学ぶことができる状況づくりを心がけます。

先生やお兄さんお姉さんと
つながる
学校探検の
リアル・アイデア

柳橋 知佳子

学校には何があるのか探検隊！

　学校探検では校舎内の見学を１時間で終え，その後に絵や図に描いてまとめることが多いようです。もう一工夫して子どもたちの「もっと知りたい！」を掻き立てる本物の学びの機会にしていきます。どこにあるのか，誰がいるのかを知ることで困った時の支援になるようにしていきます。

❶ はじめは集団で校舎内の見学

　校舎内を見学し，何がどこにあるのか把握します。もっと知りたいことはないかみんなで話し合います。

❷ ペアで校舎内の見学

　２人組で校舎内の見学をします。２人しかいないので協力する必要があります。さらに，SOS カードを持つことによって，困った時にどうすればよいのかを示し全員で確認し合うことで，安心して取り組めるようにします。

❸ 先生方の仕事見学と学校マップづくり

　タブレットを持って，職員室や保健室等にいる先生の写真や動画を撮りま

す。1年生でも幼児期から写真や動画を撮ることは慣れています。簡単な説明と練習で可能です。どの場所に誰が行くかは分担をします。みんなで写真や動画を見て，学校マップにまとめます。

❹ 問題づくりとオリエンテーリング

　調べた教室の特徴や先生のお仕事等を示した問題をつくり，どこにあるのか探しに行きます。その場所には絵などの記号をぶら下げておき，答えにはその絵や記号を描き込みます。

❺ 授業参観等での発表

　調べたことの発表の機会を用意します。授業参観日がおすすめです。発表だけでなく，オリエンテーションを一緒に取り組んでみます。子どもたちが自慢げに説明をする姿はとてもかわいらしいです。

お兄さんお姉さんの1日を探検リサーチ！

　掃除の時間や給食の準備の時間，休み時間など，他の学年に入り見学と体験をします。高学年への憧れと仕事の仕方のイメージをもつことができます。「自分たちも頑張ろう！」と思えるだけでなく，今回の交流を通して，今後も「教えてもらいに行こう！」と主体的な動きにつながることができます。

学校探検を困り事相談のきっかけに！

　新しい環境や場が苦手な子どももいます。学校探検をしても校内で迷子になることもあります。職員室や保健室など，困った時に行ける教室以外の場所を知ることは安心感につながります。時間をかけて，環境や場に慣れる時間を大切にしていきます。

第5章

全員楽しく参加できる
行事指導

事前準備で安心感を高める
学校デビュー
「1年生を迎える会」

point

学校によって違いはありますが，1年生を迎える会は全校児童と対面する初めての機会になります。しかし，大きな集団やイレギュラーな行事がとても苦手な子どももいます。事前の準備について考えたいと思います。

柳橋 知佳子

事前の準備を大切に！〜余裕をもって早めに計画を〜

　多くの子にはワクワクドキドキの1年生を迎える会ですが，身体の大きな先輩たちがいる大きな集団やいつもと違う行事は不安がいっぱいです。事前に細かい準備をすることで心の準備もできます！

❶ 日程と時間を伝える

　いつ，どこで，誰が参加するのかをイメージができるよう，前年度の動画や写真を使いながら説明します。事前の情報や入学式の様子から，どうしても歓迎会の場所に入れない場合も事前に想定し，他の先生方の力を借りることも視野に入れて検討しておきます。

❷ 何をするのかを伝える

　大きくは，プログラムの流れと自分たちが行うことを説明します。プログラムの内容は，参観型と参加型があります。子どもによっては，音に過敏な子もいますので，事前にイヤーマフや安心できる場の確保も検討します。

　参加型の場合は，ルールが理解できないため，パニックになったりトラブルが起きたりすることもあります。事前に教室で同じゲームなどをやってお

くとよいでしょう。またジャンケン列車など，１人でスタートするようなゲームでは，事前に「一緒にやりますか？」と聞いてみます。

１年生の出し物は，幼稚園や保育園から知っているものに！

❶ 馴染みのある音楽で！

　１年生は新しい環境に慣れることで精一杯です。覚えることがたくさんあります。全く聞いたことのない音楽では，覚えることができなかったり不安になったりする子もいるでしょう。うまくできないと教師も焦り，子どもたちを追い立ててしまうかもしれません。

　幼稚園や保育園では手遊びやリトミックを含めたくさんの経験を積んでいます。ここでこそ，幼保小連携を大いに生かしましょう。定番の曲や手遊びがありますので，情報を集めてみましょう。新しいものばかりの中で，耳に馴染みのある音楽があると，子どもたちもやりやすいものです。

❷ ちょっと辛いなーという場合

　学校行事が増えてくる頃，登校しぶりが見られる子が増えてきます。時間割とは違うもの，未経験なものに取り組むことが苦手な子がいます。本人は頑張ろう！という気持ちをもっています。しかし，心と身体が伴わない状況が辛いのです。本人・保護者ともよく相談をし，「どの方法なら参加できるのか」を一緒に考える姿勢を大切にします。

見える化とスモールステップで参加しやすい
運動会当日と練習時の配慮点

宇野 友美・佐藤 愼二

> **point**
>
> 運動会は子どもたちが楽しみな行事ですが，苦手にしている子どももいます。準備や練習の段階で，そして当日にできる配慮について具体的に検討したいと思います。

「運動会」の意義・目的の再確認～子どもの立場・教師の立場～

　運動会は，幼稚園・保育園時代にも経験している体育的行事です。子どもたちにとってもお馴染みの楽しみな行事です。しかし一方で，極端な苦手意識を抱いている子どももいます。様々な子どもがいることも踏まえて，準備をします。

　運動会は紅白に分かれてチームで勝敗を競う，個別に競争する，仲間と息を合わせてダンスをする…等，勝敗を意識しつつ，個人の運動能力やパフォーマンス力の向上のみならず，気持ちと力を合わせ励まし支え合うことを学べる大切な機会です。この機会に学年団としてその意義・目的を確認します。

　近年，5月に運動会を開催する地域も増え，ようやく学校に慣れ始めた1年生にとっては大きな山場になっています。体力だけでなく気力も使いますので当然疲れます。ケンカが増えたり，定着し始めた生活習慣が乱れたりします。余裕をもって練習ができるように全校的な調整が求められます。

「配慮を要する」子どもがいることを前提に

　聴覚の過敏さをもつ子どもは，ピストルやホイッスル，場内アナウンス，

応援や歓声，BGM 等の「音」の洪水に圧倒されるかもしれません。あるいは「玉入れ」等の明確な勝敗のあるゲームで負けて，パニックになるなどが想定される子どももいます。幼稚園・保育園時代の配慮を再確認し，特別支援学級や通級指導教室の先生とも連携し，ピストルの扱いも含めて具体的な手立てを検討します。さらに，事前に前年度の DVD を学年で見てイメージし，必要があれば，合理的配慮としてレンタルします。

　準備と（予行）練習を積み重ね，配慮を尽くしても，「本番の独特な空気」は，幼稚園・保育園時代とはスケールが違います。全校の友達や保護者を前にしての混乱がないように万全の支援体制を整えます。そして，仮に万が一のことがあった時の対応も含めてチームで十分に検討します。

ユニバーサルな練習のポイント

　上記のような個別に必要な配慮をしつつ，どの子どもにもやさしいユニバーサルな視点での配慮について検討します。

❶ 練習日程の「見える化」

　学年練習に加えて，全体練習も入ります。時間割の変更は前もって子どもや保護者に連絡し，「見通し」をもって練習に臨めるようにします。１年生の体力を考慮し，本番に向けて余裕ある時間割にします。十分な睡眠をとる等の家庭での配慮についても「学年だより」等でお願いします。

❷ 競技の練習

　個人競技，団体競技それぞれに「並び方」「動き方」の違いがあります。教師の指示が多い練習は子どもが自主的に動けていない証拠です。お互いにストレスが募る練習はいい練習ではありません。指導の手順を事前に十分に検討し，「スモールステップ化」します。「並び方」等は可能な限り「見える化」し，子どもの「できた」を褒めることができる状況をつくります。

不安が強い子どもが安心できる
校外学習の事前学習

鈴木 あやか

point

事前の見通しを写真等を使って
イメージしやすくしたり，実際
に似せた体験練習をしたりする
ことで，不安を軽減し，安心し
て参加できるようにします。

事前の見通しで不安感を軽減

　子どもにとって，遠足や校外学習はとても楽しみな場でもあり，大切な学習の場でもあります。一人一人が充実した活動になるように，十分な配慮が必要です。

❶ 現地の下見が見通しの鍵

　下見に行けるようであれば現地の下見に行きます。下見をするポイントとしては学級の子どもを想像し，どこに抵抗を感じるか，どこにつまずくかをイメージするとよいです。行程，集合場所，昼食場所，トイレ，危険個所などを写真に撮っておきましょう。

❷ 行程の見通し

　現地で撮ってきた写真に，場所の名前や活動名を入れスライド等にするなどして説明をします。説明はわかりやすい言葉で具体的に伝えます。

　「○○広場で昼食です」→「○○広場でお弁当を食べます」

　「ここに集合します」→「この時計台があるところにみんなで集まります」

　また，前年度の子どもたちが楽しそうに活動している写真を見せ，「みん

な楽しそうだね」「楽しいことがたくさんあるよ」と期待感を高めることも不安な気持ちが小さくなる工夫の 1 つです。

❸ 乗り物の見通し

　乗り物の乗り方なども，練習しておくと不安の軽減やスムーズな活動につながります。例えば，自分の席はどこか，隣は誰か，先生の席はどこか，荷物はどこに置くのかなど，バスの座席のように椅子を並べ，実際に確認しながら座る練習をしてみましょう。練習の回数を重ねることで不安が軽減することもあります。様子に応じて繰り返し練習を行いましょう。

引率者の役割と共通理解

　引率職員の役割分担や配慮事項を共通理解しておきます。「○○さんがパニックになった時は□□先生が対応し，静かな場所に連れていく」「事前学習で使った絵カードや約束カードをいざという時にすぐ出せるようにしておく」など，緊急時やパニックになった時の対処法を具体的に決めておきます。そうすることで，トラブル等が起きた時，焦らずに落ち着いて対処することができます。

個別 　全体 ユニバーサル デザイン

不安が強い子どもが安心できる
避難訓練の事前学習

point

防災頭巾のかぶり方，サイレンの音など，子どものつまずきポイントを見つけ，事前に指導をすることで，不安が強い子どもが安心して訓練に参加できるようにします。

鈴木 あやか

非日常への不安

　災害はいつ起こるかわからず，避難訓練は大切です。しかし，子どもにとっては「予定外の事柄で非日常的な活動」のため，見通しがもちにくく，強い不安を抱くこともあります。

避難訓練をする前に

❶ なぜ避難するのか，避難する理由を伝える

　「逃げないと，火事で焼け死んでしまうよ」などと，子どもが「避難しなくちゃ！」と思えるようにわかりやすく伝えます。

❷ 事前に避難訓練をすることを伝える

　「明日の２時間目に避難訓練があります」と伝え，１日の予定表があればそこにも書いておき，いつでも子ども自身が見て確認できるようにします。

❸ 避難経路を実際に歩いてみる

　並び方も指定し，隣の友達と「命のペア」をつくります。子どもたち同士

で声をかけ合い，素早く並べることができるようになります（この「命のペア」は水泳学習のバディにも使えます）。

❹ 避難訓練で必要な行動について学習する

「㋻さない・㋕けない・㋛ゃべらない・㋲どらない」などの，基本的な避難行動を伝えます。また，この合言葉を日常的に確認したり，「『おかしも』の『お』はなんだっけ？」などとクイズ形式で問いかけて意識づけます。

❺ 防災頭巾のかぶり方の練習をする

簡単そうに見えてなかなか上手にかぶれない子どももいます。かぶり方のコツを伝え，実際に何度か練習しておきましょう。

❻ サイレンの音に慣れておく

聴覚過敏などの特性から，サイレンの音が耳障りだったり，異常に驚いてしまったりする子どもには，小さいサイレンの音を聞かせることから始め，徐々に大きい音にしていくなどして回数を重ね慣れさせてあげましょう。

✂ 校内放送を静かに聞ける子どもに

本当の災害の時や，避難訓練，校内の大事な連絡などに使われるものが校内放送です。日頃から，「校内放送が流れたら静かに聞く」ということは，徹底して身につけさせておきたいことの1つです。ややもすると，子ども同士の注意が始まり「しずかにーー！」「○○さん，しゃべっちゃいけないんだよ」などの大合唱になり，余計に放送が聞こえないなどということもあります。

「声のものさし」などを使い，音量ゼロを視覚化して伝えたり，実際に校内放送のチャイムを流して練習したりし，全員が「放送が流れたら話をやめて静かに」を徹底できるようにしましょう。

楽しかった，よかったと思える
お楽しみ会

point

6年生を送る会や次の1年生を迎える準備など，3学期の特別活動は盛りだくさん！ 特に大事にしたいのは「年度末の学級活動」です。1年間の自分たちの頑張りを振り返り，2年生になるための大事な時間にします。

柳橋 知佳子

みんなが「楽しかった！ よかった！」と思える会に！

　学級活動の醍醐味は「自分たちでつくり上げる素敵な時間」です。1年間，様々な経験をしてきている子どもたちです。自分たちで知恵を出し合い，共に考え，素敵な会を開くことができるはずです！ そして，その経験が次への大きなステップになります。ここでは，子どもたちを見守り，必要な時に寄り添って成功に導くポイントを考えます。

❶ 計画委員会で準備を

　計画委員会（司会チーム）でどんな会にするのか，どんなことをみんなで決めるのか話し合います。事前にアンケートなどをとって意見を集めておきます。話し合いの柱が決まったら，帰りの会などでみんなに伝えます。そして，後ろの黒板や学級活動コーナーに「みんなで考えたいこと」を示します。

❷ 学級活動での話し合い

　折り合いをつけることや話し合い活動そのものが苦手な子どももいるはずです。しかし，1年間かけてお互いを理解し合ってきた経験が多ければ多いほど，子どもたちの力で乗り越えることができます。これまでの学級経営が

大きく試されます。また，これまでクラスで確認してきたルールを再確認しながら進めます。

教師の役割	話し合いのルール
・司会のお手伝い ・（視覚優位の）子たちのためにも，わかりやすい黒板の整理 ・意見が言いたいのに言えない子には，そっとそばに寄って，一緒に言ってみる ・必要な時に話し合いの交通整理	・みんなの素敵なアイデアを出し合って考えよう！ ・言いたいことが言えないでいる友達に寄り添って，代わりに言ってあげよう。その時は，「○○さんは，△△って言いたいんじゃないかなぁ」って！ ・友達の発言を大切に，丁寧に受け止めよう！ ・バカにしたり，相手が嫌な言葉を言ったりしないように！　やさしい言葉で！ ・誰かだけが楽しい会ではなく，みんなで楽しめる会にしよう！ ・聞いてくれる友達がたくさんいるから，安心して自分の意見を伝えよう。先生もいます！

❸ お楽しみ会の準備

みんなで分担をして，自分に任された仕事をやります。そのための時間の確保，道具の準備は教師の役割です。また，それぞれの仕事の進捗状況を帰りの会で確認したり，掲示板に示したりします。

❹ お楽しみ会を全力で楽しむ！

みんなで考えたことが成功するよう見守ります。途中でケンカになることもあります。その時は，「みんなで考えた会だから，みんなで成功させようね」と声をかけ，一緒に解決しましょう。主役は子どもたちです！

✂ こんなアイデアも！

・ありがとうの会：授業参観とあわせて，保護者への感謝を中心に行う
・頑張った発表・友達のキラキラ自慢：友達の素敵なところも発表し合う
・思い出すごろく大会，思い出カード宝探し：ゲーム要素を取り入れる
・その他に，動画や写真を多く取り入れる思い出映画館，１年間お世話になった６年生へのプレゼントづくり・贈呈式…等を充実の年度末に行う

第6章

不安を信頼に変える
**1年生保護者との
連携アイデア**

信頼関係を築く
連携ポイント＆注意点

> **point**
> 子どもに関わる全員が子どもを
> 理解し情報を共有することを土
> 台とし，保護者の思いを受け止
> めながら，支援の仕方を保護者
> と共に考え，連携を深めていき
> ます。

鈴木 あやか

チームで子ども理解を

　観察の観点を明確にし，日常の様子を観察しておきましょう。行動面・コミュニケーション面・学習面，それぞれ「課題」だけでなく「強み」にも目を向けます。

　この観点を子どもに関わる全員が共有しておき，複数の目で情報を集めましょう。

　集めた情報は整理しておきます。それが，子どもの指導や支援を考えるためのヒントや共通理解，保護者への情報提供の大切な資料となります。

保護者との連携のポイント

❶ 保護者の思いを受け止め，寄り添う姿勢で

　子どもや保護者が学校生活についてどう考えているのかを知ることが重要です。話しやすい雰囲気づくりや「そうだったのですね」と保護者に共感した相槌を打つなどして，保護者の思いを受け止めましょう。「傾聴」の姿勢がとても大切です。

❷ プラスの言葉かけ

「学校からの連絡は，大体悪いことをした時でドキッとする」という保護者の声を聞いたことがあります。幼稚園・保育園では送迎等で保護者と担任が顔を合わせることも多く，その日の出来事を直接聞くことが多いですが，小学校ではそうもいきません。「何かが起きた時の連絡」になりがちです。

ですが，子どものできないことや課題の部分だけを伝えてしまうと，保護者の不信感が増してしまうこともあります。「最近，書ける文字が増えましたね」「お友達に優しい言葉をかけていましたよ」など，日々の成長をこまめに伝えましょう。そうすることで，子どもや保護者は「しっかり見てくれている」と安心感を抱きます。

❸ 子どもの支援を一緒に考えるパートナーとして

子どもの困っていることや課題については，「授業中，45分間座っていられません」「友達に暴言を吐いてばかりいます」など，マイナス面のことだけを伝えるのではなく，「授業中の半分は座っていられるようになりました」「○○があれば，□□できますよ」など，具体的な手立てを伝え，前向きな提案をしていきましょう。

また，「こういうことでパニックになったのですが，おうちではそのような時どうしていますか？」など，保護者と学校での情報を共有して，一緒に支援を考えていく姿勢を大切にすることで，連携もより確かになります。

連絡帳でのやりとりには注意を

保護者との連絡で最も多いのが連絡帳でのやりとりだと思います。しかし，連絡帳でのやりとりはお互いの表情が見えず，文字だけだとこちらの意図がうまく伝わらないこともあります。保護者の不信感やトラブルにつながることがあるので対応には気をつけましょう。子どもの様子を伝える，保護者と相談する時には電話や直接会って話すようにしましょう。

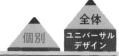

保護者からの信頼を得る
花丸連絡帳&
メッセージ電話

point

はじめは，担任が手紙で持ち物や連絡事項を伝えますが，徐々に子どもが自分で書けるようにします。子どもの成長を学校と家庭の双方で共有し見守りましょうというメッセージを伝え合うことを基本姿勢にします。

宇野 友美

 ## 連絡帳の書き方を教える

　はじめに，「連絡帳は，おうちの人と先生をつなぐ大事なノートです。みんなには，連絡帳を先生とおうちの人に届ける大切なお仕事をお願いします」と連絡帳を書くこと，届けることの意義を伝えます。

　はじめは授業時間を使って連絡帳を書きます。日付や曜日を書く場所，印鑑を押す場所には字を書かないこと，行を変える時は日付と曜日の欄を空けること等，連絡帳を書く際のきまりを教えます。1冊目は全員が同じ連絡帳を使うとよいでしょう。書き終わったら列ごとに見せに来させ，印を押します。その際，印の脇に番号を書くと全員見終わったことの確認ができます。

 ## 連絡帳を丁寧に書かせる

❶ 線からはみ出さないように書く

　子どもにとって，マスがなく罫線のみの連絡帳は学習ノートと比べると書きづらいものです。そこで，まずは「線からはみ出さないように書きましょう」と目標を1つだけ示します。「線からはみ出さない」と目に見える具体的な目標を示すと，子どもは意識しやすくなります。花丸をつけることで評

価をし，花丸10個でシール１枚等，継続するための工夫もしながらできたことを自分で確認できるようにすると，より意欲的に書くようになります。

❷ 上手に書くポイントを１つずつ示す

「線からはみ出さないように書く」というポイントだけでなく「同じくらいの大きさで書く」「濃く書く」等，教師がねらう視点を１つずつ増やすことで子どもたちは上手に書くポイントを理解し，意識して書けるようになります。

 ## 丁寧な電話連絡の入れ方

電話連絡をする場合，プラスの情報より，マイナスの情報を伝えることが多いです。基本姿勢は，「お子さんのことを心配していますよ」というメッセージを伝えることです。２つの場合を例として紹介します。

❶ 欠席が続いている時

子どもの様子を聞いた後，連絡事項を伝えます。その際，学校で頑張っていることやできていることを加えて伝えることがポイントです。欠席理由が不明な時は「何か心配なことはありますか？」等，身体の不調以外の要因はないかというメッセージを送るようにします。留守番電話に入れる場合には，履歴を残すため学校名と名前を伝え，用件は個人情報に触れない程度にとどめるようにします。

❷ トラブルがあった時

事実を正確に伝えることが大切です。子どもが家で話すことと担任が伝えることが違うと不信感を与えてしまいます。わからないことまで憶測で話すのではなく，「今後については一緒に考えていきましょう」と協力して進めていく姿勢を伝えます。

事前準備が功をなす
家庭訪問と個別面談

point

家庭訪問を効率よく行うために
下見をおすすめします。個別面
談は事前に子どもにアンケート
調査をし，子どもに関する情報
を入手しておくと安心です。特
に４月の面談は１年間の関係を
左右する貴重な時間になります。

宇野 友美

家庭訪問の下見と目的

　訪問スケジュールを組んだら，家庭環境調査に描かれた地図や Google マ
ップを使って訪問のシミュレーションをします。実際に訪問順に下見をする
と動線を確認できるのでよいでしょう。時間が決められた家庭訪問では相手
を待たせることのないよう下見を行うと安心です。

　家庭訪問の目的は，場所の確認（学校からの距離や周辺の様子等）と家庭
環境の観察です。それらを確認できたら，聞き役に徹し，時間内に終了する
ようにしましょう。

実施時期により目的を明確にする

　現任校では，保護者面談を４月下旬（全員），７月下旬（希望制），９月下
旬（全員），12月中旬（希望制）の年４回行っています。

❶ １回目（４月下旬）の実施

　新学年になり保護者や子どもが不安に思っていること，伝えておきたいこ
と，聞きたいことを共有すること，顔を合わせることで１年間の連携をスム

ーズに行うことが目的です。4月の個別面談は新たな試みでしたが，トラブル対応も顔見知りの関係であったためスムーズに行えたと好評でした。

❷ 2回目（7月下旬）

3か月半を終え，子どもに変化が表れ始め，友達や勉強のことで不安を抱える子どもが増えてきます。希望制ですが，必要に応じてこちらから声をかけ面談をすることもあります。夏休みに入ってすぐに実施することで，家庭での過ごし方を共有することができます。

❸ 3回目（9月下旬）

前期のまとめの時期に行います。通知表の所見欄に書くことを面談で直接伝えることが目的のため，全員を対象とします。学校の働き方改革の一翼も担っています。

❹ 4回目（12月中旬）

主に気になることがあった子どもについて，その後の様子を確認するために行います。また進級に向けて，保護者から要望が伝えられることも多いです。即答は避け，学年主任や管理職に報告した後，丁寧に対応しましょう。

アンケート調査で情報を入手する

個別面談を実施する前に休み時間の過ごし方や授業の様子，友達関係や係・当番活動に関するアンケートを実施し，子どもに関する情報を入手しておきます。「お子さんは，こんなことを頑張っていますよ」「こんなお友達とよく遊んでいますよ」等と伝えると，保護者は「先生はうちの子をよく見てくれているな」と安心します。その後「こんなことが課題ですね」と伝えれば，マイナス面も素直に受け入れることができます。どれだけ子どもに関する情報をもっているかが鍵になります。

勉強への意欲と
自主学習の姿勢を高める
日頃＆夏休みの宿題

point

宿題の意義・目的は何なのか，
何を原則にして１年生に宿題を
課すのかを再確認します。特に，
夏休みの宿題については「読み
書き」に配慮を要する子どもを
事前に把握した上で，個別に配
慮された宿題を用意します。

宇野 友美・佐藤 愼二

宿題のねらい

　「何のために宿題を課すのか」を再確認しましょう。教育の大目標は「豊
かで充実した生活の実現」です。それに向けた「生涯」学習の基礎的な力を
育むことです。生活を豊かにするために自分から自分で学び，生活や社会に
生かす喜びを少しずつ体感することです。そのために「家でも１人で勉強す
る」習慣を身につけます。これが宿題の目的です。

　幸い，１年生の勉強に対するモチベーションは高いです。その意気込みを
さらに高める宿題のポイントを検討しましょう。

どのような宿題にするのか—その原則の確認

❶ 短時間の原則

　１年生の集中力や保護者の負担を考え，家庭で購入したドリル等に自主的
に進んで取り組む場合は別として，「宿題」は10分を１つの目安にします。

❷ 復習的内容の原則

　後期に入り宿題の習慣が定着した頃には，興味ある内容の調べ学習的な要

素を取り入れることもあります。しかし，前期は「家庭で・1人で・自主的に」を見通して，まずは確実にできる復習的内容を原則にします。

❸「できる感」を大切にする原則

　自主的な勉強を期待します。「1人では難しい・できない」内容はNGです。復習的内容を原則に，例えば，国語で学習した教科書を家で「音読」する，プリント・ドリル（「ひらがなやカタカナ」「漢字」「数」「時計」「足し算」）等を宿題にします。子どもへのアンケートでも「宿題」として家でも取り組んで「できる」を実感するケースが多いことが明らかになっています。

❹「称賛を見える化」する原則

　「音読カード」に保護者にサインしてもらったり，シールを貼ってもらったりする等，プリントやドリルであっても保護者によるサインをお願いしましょう。保護者からの称賛も「見える化」することで，家庭でも学校でも「自主的な勉強」の姿勢を励まします。

夏休みの宿題―個別に配慮が必要な子ども

　ひらがなの読み書きに「配慮を要する」子どもの「夏休みの宿題」を検討します。読み書きの場面は夏休み明けにはさらに増えます。保護者の協力も得て，何らかの形でそれに備える必要があります。夏休み前に，特別支援教育コーディネーターと協力し，その把握に学年団として注力します。
　夏休みの宿題として，
・家庭にあるものの名前を紙にひらがなで書いて貼る
・家族で「あいうえおカルタ」に取り組む
・ランダムに読み上げる五十音の「1分間書き取り課題」を1日1回する
・興味ある分野の絵本や本，図鑑を読む
等，興味関心や遊び的要素を取り入れた宿題を検討しましょう。

子どもを思う気持ちは同じと
確認できる
初めての保護者会・授業参観アイデア

> **point**
> 子どもでも大人でも，出会いは大切にしたいものです。対面で伝え合うことができ，実際に子どもの様子を見ることができる保護者会や授業参観は貴重な機会です。ここでは，そのポイントを考えます。

柳橋 知佳子

出会いのうれしさとこれからの希望を

　初めての保護者会では，動画や写真も交えて子どもたちの様子を伝えます。学校でのルールを改めて確認し協力依頼することも大きな目的です。しかし，それだけだと「自分の子はできているのだろうか」「先生は自分の子どもを大切にしてくれるだろうか」などの不安をもつ方もいらっしゃいます。

　そこで，保護者会の時間を次のような３つの構成にします。

❶ 学校での様子や協力をお願いしたいこと

　口頭だけだと伝わりづらいです。改めて入学式のしおりを使ったり，各学校のルールが示されている資料（※○○の約束など）を活用します。

❷ 我が子自慢大会

　グループ（６人ぐらい）に分かれて我が子自慢をします。ルールは長所だけで短所はダメ！　長所を３つ以上伝える！　笑顔で伝える！です。はじめは「え〜，３つあるかな〜」などの声が聞こえますが，みんな笑顔になる，そして，人とつながれる素敵な時間になります！　まずは「いいところ」に目を向けるベクトルを学校でも家庭でも大切にする雰囲気をつくります。

❸ 担任として思いをしっかり伝える

　まず，「いいところ」をたくさん見つけ，子どもにも保護者にも積極的に伝えることを約束します。一方で，友達の心や身体を傷つけた時は，その行為に対して厳しく向き合うことも伝えます。単に叱るということではなく，「なぜそのようなことをしたのか」「どうしたらいいのか」…本人の思いや言い分にも耳を傾けて，今後のことも話し合います。

　必要な場合には保護者にも連絡をとり，共に成長を支え合いたいという強い気持ちを伝えます。

保護者参加型で共につくる授業参観！

　最初の授業参観で生かしていただけるアイデアを2つ紹介します。

❶ 大きくなったら○○に！

①子どもたち3人，保護者3人で6人ほどのグループを組みます。

②子どもたち3人は移動し，各グループで自分たちの夢を話します。

③保護者は，その夢の実現に向けて学校と家庭で頑張ることをアドバイスします。

④最後に保護者は，自分の子どもに向けてメッセージカードを書きます。

❷ 学校クイズ大会★

①子どもたちは，事前に学校についてのクイズをつくります。学校探検と関連づけるとより盛り上がり，つくりやすくなります。

②授業参観では，保護者が子どもたちを回るオリエンテーリング形式のクイズ大会をします。一人一人の子どもたちから出題される問題を解き，答えをシートに書きます。

③最後に子どもたちからメダルをもらいます。

引き分けで円満解決できる

粘り強さと寄り添う姿勢のクレーム対応

point

「ご意見をいただきありがとうございます」と受け止め，事実は速やかに正確に伝えますが，解決は急がず，気持ちの整理に時間をかけましょう。最も大事なことは，相手の気持ちに一歩寄り添う姿勢です。

宇野 友美

 ## まずは傾聴，相手のペースに巻き込まれない

❶ まずは話を聞く

　まずは，相手の話を聞き，「何を訴えているのか」「何を求めているのか」を聞き取ります。支離滅裂な話をしてくるケースもありますが，「そうだったのですね」と相槌を打ちながら，また相手の言葉を繰り返しながら，まずは話を聞き，相手の気持ちに一歩寄り添おうとする姿勢を見せます。

❷ 相手のペースに巻き込まれない

　責められるとつい「勝手なことばかり…」という気持ちがわいたり，相手を責めたくなったりしてしまいます。そうなると話は平行線のまま，関係は悪化してしまいます。興奮して来校した相手を穏やかに帰すのが目指すべきクレーム対応です。相手のペースに巻き込まれない姿勢を貫きましょう。

 ## 事実やわかっていることのみを伝える

❶ わからないことを憶測で伝えない

　わからないことに対しては，取り繕うことなく，「その点については後ほ

ど確認します」と正直に伝えましょう。事実ではないことを伝えると後でほころびが出て，関係が悪化してしまい，逆に，時間と労力がかかります。事実の共有が信頼関係をつくる第一歩です。

❷ **基本姿勢は淡々と…**

　相手の目的は，「話を聞いてもらうこと」であり，一通り話が済み「聞いてもらえた」と思えば，急速にトーンダウンしていく場合が多いです。こちらは感情を挟まず話を聞き，もちろんこちらに改善や謝罪の必要があれば誠意をもって対応しますが，そうでなければ「ご意見をいただきありがとうございます」と，淡々と且つ丁寧に対応するよう心がけましょう。

複数で対応し，問答を想定する

❶ **チームで対応する**

　担任1人で対応するのではなく，学年主任または管理職が同席するようにします。後で「言った，言わない」になることを防ぐためです。さらに，冷静に判断し対応するためにも複数で対応しましょう。

❷ **問答を想定する**

　あらかじめわかっている場合は，問答を想定し，シナリオをつくっておきます。時系列でこれまでの事実を整理しておくことが大切です。相手を言い負かすのではなく，引き分けで円満解決するようゴールを見据えましょう。

強い味方になってくれる

　粘り強く話を聞いているうちに，相手もこちらの気持ちに寄り添う姿勢を見せ始めるようになります。話を聞くことが，相手の気持ちに寄り添うことにつながり，逆に誰よりも強い味方になってくれるはずです。

こんな時どうする？
トラブル解決術

初めての健康診断
怖がる子どもがいる時

佐藤 愼二

> **point**
>
> 「配慮を要する」子どもは，健康診断を苦手にすることがあります。特に，歯科健診は「恐怖だった」と振り返る当事者がいるほどです。ここでは歯科健診での具体的な配慮点について確認します。

 ## 保護者と連携して過去の治療や医療的行為への状況把握を

白衣，歯鏡，強いライトの光，しかも，口を開ける…。本稿では特にハードルが高い「歯科健診」に焦点を当てます。少しでも「安心」して健康診断を迎えることができるように，どんな手立てが可能なのか検討します。

右頁の表にあるような各視点に沿って，その時の様子について，まずは保護者から聞き取ります。もちろん，子ども本人からもです。有効な対応法があれば，その具体について確認します。その際，保護者が過度に神経質になってしまうと，子どもも不安になります。「お任せください」と伝えます。

 ## 紙芝居やイラストカードによる説明

発達障害等のある子どもに限らず，健康診断に不安感を抱く子どもたちは少なからずいます。まずは，クラス全体に向けて「心配ない！」というメッセージを発信するためにも，紙芝居やイラストで「見通し」をもてるようにします。紙芝居等は特別支援学級や通級指導教室と協力して，ぜひ，各学校に１つ用意し，全員で「安心」して健康診断に臨めるようにします。

子どもたちの不安の原因とその支援

〈事前の配慮（例）として〉

①いつもと違う時間割：予定の変更については，前週から確認し，時間割の変更があることを伝えます。

②いつもと違う場所：保健室に行き慣れていない時期です。事前に何度か保健室訪問をして，少しでもその雰囲気に慣れるようにします。

③診査器具，白衣，独特の強いライトへの恐怖：歯鏡，白衣等は２週間程度前から保健室から借り受け，口を開けて歯鏡を入れる練習をします。

④口を開け続ける練習：口を「開け続ける」のを苦手にする子どもがいます。口を開けたイラスト等を示しながら「8数えます」のように見通しがもてるようにします。また，使い慣れた「歯ブラシ」を使うと，自然に口を開けやすくなることもあります。

⑤手で診査器具を払いのけてしまう場合：これが一番の危険を伴います。最もわかりやすい方法はポケットに手を入れて診察する方法です。練習段階から「口を開ける時はポケットに手を入れる」を繰り返します。

〈当日の配慮（例）として〉

①当日の移動や待つ間：仲のよい数人のグループ（あるいは１人）で，一番最初か一番最後にします。また，待つ場所も明確になるように，足形を床に用意します。紙芝居等で順番を示しながら進めます。

②口を開ける際：当日の雰囲気には「恐怖」を感じることもあります。ポケットに手を入れ，紙芝居等を見せながらカウントダウンします。

 ## 特別支援学校のセンター的機能の活用

　教育委員会と医師会で協力して，特別支援学校向けの「学校健診の手引き」を作成しているケースがありますので参照してください。また，特別支援学校のセンター的機能を活用して実際的な支援を受けることも可能です。

個別
合理的配慮
全体

夏休み前
困っている子どもが
見えてきた時

point

入学当初見えていなかった子どもの「困り」も，1学期が終わる頃には見えてきます。その気づきを学校全体や子どもに関わる人たちで共有することで，子どもの適切な支援や指導に結びつけることができます。

鈴木 あやか

 ## 子どもの「困った」に気づく

　入学当初は，子どもたちもそれぞれ緊張したり，頑張ったりしていますが，徐々にそれぞれの特性や子どもの「困った」が見えるようになってきます。学習の「困った」，自己表現の「困った」，人間関係の「困った」など，「子どもが困っていること」は何なのか，よく把握しましょう。一人一人をよりよく理解し，適切に理解していくには，担任だけでなく学校全体で見守り，支援していくことが必要です。

チームで子どもの支援を考えよう

　子どもの「困った」に気づいたら，1人で抱え込まずに相談をしましょう。管理職・学年主任・養護教諭・特別支援教育コーディネーター・スクールカウンセラーなど学校全体に広げます。

　それにより，次のようなことができるようになります。

・見取りの幅が広がる
　「乱暴も多いけど，先日，○○さんにとてもやさしくしていた」

・それぞれの役割が明らかになる

「まずは〇〇先生が，家庭での様子を保護者に聞いてみましょう」

・専門機関との連携が進む

「7月に巡回に来るアドバイザーの先生に相談して，具体的な支援の
アイデアをもらいましょう」

・支援や指導の選択肢が増える

「わかりやすい言葉で短く指示することが大切かもしれませんね」

　このようにたくさんの職員が関わることができ，担任は安心感や納得感が
得られます。そして，子どもへの有効な支援や指導の実現につながります。

 ## 特別支援教育支援員との連携を

　支援員は，いつも身近にいて困った時にさっと助けてくれる，子どもにと
っては，言わばスーパーヒーローのような存在です。支援員にしか見せてい
ない姿，支援員しか知らない子どもの姿も意外とあります。

　休み時間などちょっとした空き時間に情報を共有することで，子どもの様
子を知ることができ，違う視点から子どもを見ることができるようになりま
す。そして，支援や指導のヒントを得ることができます。

子ども同士のトラブル
興奮して保護者が
来校してきた時

子ども同士のトラブルがわかる
とすぐに，被害者，加害者，様
子を見ていた子どもから聞き取
りを行います。放課後，双方の
保護者に電話で概略を伝え，詳
細について対面で話すことが大
切です。

宇野 友美

正確な事実を即確認する

❶ 聞き取りの方法

　まずは速やかに事実確認をします。特に1年生は，時間があけばあくほど
記憶が曖昧になり正しい事実確認が難しくなります。話をしている間にわか
らなくなることもあるので，口頭のみならず，場面を絵に表したり実際に動
いてみたりしながら確認する等の工夫をします。

❷ 聞き取りの場面

　聞き取りの場面は，個別，または合同で行う方法があります。1対複数の
場合，1対1の場合等，状況によって聞き取りの場面は変わります。複数側
の口裏合わせをなくし，お互いの正直な気持ちを伝え聞き合うには，どのよ
うな場面を設定すべきか，子どもの様子や状況に合わせて考えましょう。

❸ 保護者対応への準備

　被害者，加害者，周りで見ていた子から，担任だけでなく学年の協力も得
て，聞き取り調査を実施します。知り得た事実を時系列でまとめ，管理職に
報告をし，保護者対応へつなげます。

複数で対応し，誠意をもって答える

❶ 複数で対応する

　特にトラブルが起きた際の保護者対応は，担任1人ではなく，関係する学級の担任，学年主任または管理職が同席するようにします。「学校は組織で対応しています。今後も学校全体でお子さんを見守りますよ」とメッセージを伝えるためです。

❷ 知り得た事実を丁寧に伝える

　まずは様々な生活事情を抱えながらも話し合う時間をつくっていただいたことに感謝の意を伝えます。その後，聞き取った事実を1つずつ丁寧に伝えます。ここでは，感情は挟まず，事実のみを丁寧に伝えます。

❸ 相手の質問には誠意をもって答える

　保護者の質問については丁寧に答えることを心がけます。わからないことは「その点については今後確認します」等，わからないことを正直に伝え憶測で話をしないようにします。

 ## 誠意が伝わるまで連絡をとる

　事実は速やかに伝えるべきですが，気持ちの整理には時間をかけます。
　子どもが学校を休んでいれば「○○さんの様子はいかがですか？」と様子を聞き，学校からの連絡事項を伝えます。
　登校していれば，声をかけ様子を観察し，家庭に学校での様子を伝えます。「お子さんのことを気にかけていますよ」という誠意を根気よく伝えるようにしましょう。

子どものSOS
登校しぶりが
見られた時

柳橋 知佳子

> ### point
> １年生になると，大きく環境が変わることから登校しぶりが起きることはよくあります。そんな時は，まずは子どもと話をしてみましょう。そして，不安になっている保護者とも様子を共有し，協力することが大切です。

どんな小さな違和感も後回しにせず，その時に

　子どもたちは，「疲れたなぁ」「また叱られるかな」「苦手だからできない，どうしよう」などの理由から，保健室に行きたがったり，早退したがったりすることがあります。これはSOSです！　いつもと違う様子が見られたら，すぐに声をかけます。魔法の言葉は「どうしたの？」です。うまく表現できないこともありますが，子どもの言葉をヒントに学校での様子と照らし合わせて解決策を考えます。保護者とも様子を共有し協力体制をつくります。

子どもたちの困りって？
●45分じっとしていることが苦手
●勉強が苦手
●叱られることが多い
●家庭の出来事
●下の子が生まれ，母と一緒にいたい
●集団が苦手　　　　　　　　　　など

子どもたちのちょっとした変化って？
●注意することが増えてきた
●保健室に行きたがる
●身体や表情が緊張している感じがする
●友達と遊ばなくなった
●1人でいる時間が増えた
●絵を描いた時の内容や色使いが気になる
●給食を食べる量が減ってきている
●できていたことができなくなってきた

教師が言ってはいけないNG否定ワード
●保健室に行く時，頭ごなしに「ダメ」　●話を聞く時，「言うまで終わらないよ！」
●悩みを打ち明けた時，「大したことないよね」「それはあなたが悪いよね」　　　など

登校しぶりが見られたら，早期に対応できるのが１年生！

　１年生の子どもたちは，その様子を理解し支援をすることで，早期の改善が見込めます。逆に，高学年になるにつれ，改善するための時間がかかります。子どもの様子をチームで観察し，チームで対応することで必ず改善します。大切なことは「根気強く，温かく，共に」です！

❶ 集団が苦手な子には…

　保健室や相談室など少人数で対応できる部屋や通級指導教室などを紹介します。逃げ場があるだけで，子どもは安心します。学校も柔軟性をもって子どもたちの居場所・学びの場を準備します。

ポイント　事前に，入学説明会や学校だより等で，「学びの場の選択」ができることや，それは特別ではないことを伝え，浸透させることが大切です！

❷ 勉強がわからないことが原因の子には…

　宿題の出し方などを配慮します。授業を理解できないまま帰宅する子は，宿題でもかなり苦労をします。提出をしなければいけないプレッシャーは登校しぶりの大きな原因になります。

ポイント　宿題は「内容を変える」「量を減らす」などありますが，家庭と連携しながら進めることが重要です（家庭の理解を得る必要があります）。

 ## 「SOSが出せる」雰囲気に

　学級が安心・安全で「SOSを出してもいい場所」にならなくてはいけません。そのためには教師が子どもに寄り添いながら，子どもの得意なことや素敵なところを応援する姿勢を大切にします。そしてお互いに「困った顔」ができる友達・仲間づくりを心がける必要があります。

1人1台端末
タブレットで支援の幅を広げたい時

柳橋 知佳子

point

1年生の担任の先生方から「1年生はまだ使い方が難しいよね」などの声が聞かれますが，子どもたちは小さな時からタブレットやスマートフォンなど ICT 機器に触れています。積極的に活用する姿勢が大切です。

 ## 合理的配慮の視点からも積極的活用を

　個別支援が必要だと感じても，対応の難しさや負担感・多忙感などから，個別の手立てを講じることができなかった先生方も多いと思います。ICT 端末はそのようなシーンで大きく背中を押してくれます。まずは，私たちができそうなところから ICT 端末を活用する姿勢が大切になります。

❶ 作業が遅れがちな子への活用例

　黒板を写すことに必死で，写すことができても内容を理解しないまま授業が終わったり，写すことに時間がかかり休み時間がなくなったりする子もいます。そのような場合には，板書を写真に撮り保存します。大事なところは，線で囲うなどして視覚的にわかりやすくします。

　宿題として，自宅で落ち着いてノートに写せばいいように配慮します。

❷ 集団が苦手な子への活用例

　別室で ICT 端末を使った双方向の授業を行います。しかし，1年生は聞くだけの授業は集中が途切れてしまうことが多いため，45分の授業の中で一部の時間を別室等で行うようにします。集団から全く離れるのではなく，苦手

な時間帯だけ別の部屋を選択することができるため，教室にも少しずつ慣れることができます。

❸ 書字困難な子への活用例

　家庭学習等でタイピングを練習し，タブレットでまとめたり，音声ソフトを使って感想文を書いたりすることを認めます。１年生段階では書字困難かどうかの判断が難しいこともあります。そのため，長文の書き出しや前半については，ICTを活用して入力し，最後のまとめだけは鉛筆で書く練習をするなど段階的な配慮を検討します。

❹ 読みに困難がある子への活用例

　音声読み上げソフトを活用し，聞いて理解できるようにします。それにより，文章を「見て」「聞いて」学びを進めることができます。家庭や学校での音読の様子を踏まえて，読みが遅い，飛ばし読みをする，語尾の間違い読み（思い込み読み）をしている…等の場合には，家庭でもタブレットを活用してもらいます。

❺ その他の活用例

　プリントなどの丸つけをする際，どこの丸つけをしているかわからなくなりやり切ることができない子もいます。教師のタブレットで子どもと同じプリントをスクリーンに映すことで，安心して取り組むことができます。

　また，問題数が多いことで集中して取り組めない子には，画像を切り取って表示することで，集中して取り組むことができます。

　教室の子どもの様子に応じて，さらに，自分自身のスキルに応じて，できるところからチャレンジしてみましょう。

【編著者紹介】

佐藤　愼二（さとう　しんじ）
植草学園短期大学特別教授。放送大学客員教授。
明治学院大学社会学部卒業。千葉大学教育学研究科修了。
千葉県内の知的障害特別支援学校及び小学校での23年間の勤務
を経て現職。
2023年度 千葉県特別支援教育専門家チーム会議委員ほか。
特別支援教育士スーパーバイザー。

【執筆者紹介】

宇野　友美　　　千葉県茂原市立萩原小学校

柳橋　知佳子　　埼玉県松伏町教育委員会教育総務課

鈴木　あやか　　千葉県茂原市立萩原小学校

榎本　恵子　　　千葉県銚子市教育委員会学校教育課

〔本文イラスト〕木村美穂

小学1年生の特別支援教育
ユニバーサルデザインと合理的配慮でつくる
やさしいスタート

2024年3月初版第1刷刊　Ⓒ編著者	佐　藤　愼　二
発行者	藤　原　光　政
発行所	明治図書出版株式会社

http://www.meijitosho.co.jp
（企画）佐藤智恵（校正）武藤亜子
〒114-0023　東京都北区滝野川7-46-1
振替00160-5-151318　電話03(5907)6703
ご注文窓口　電話03(5907)6668

＊検印省略　　　　　組版所 朝日メディアインターナショナル株式会社

Printed in Japan　　　　　　　　ISBN978-4-18-355622-6
もれなくクーポンがもらえる！読者アンケートはこちらから